ちくま新書

マーケティングを学ぶ

石井淳蔵
Ishii Junzo

822

マーケティングを学ぶ【目次】

序章 マーケティング・マネジメントを求めて

1 企業は業界の壁を越えることができるのか

わが国企業の投資収益性（営業利益／総資産）の長期トレンドを、一九六五年から二〇〇五年までの間について調べたことがある。食品加工業界（味の素、キッコーマン、日清食品、ハウス食品、大手乳業三社、山崎製パン、ビールのトップ二社、サントリー、製菓のトップ三社、ハムのトップ二社）と、電機業界（日立製作所、東芝、松下電器、ソニー、三菱電機、シャープの各社と富士通、NEC、カシオの情報機器業界）を選んだ。いずれも、日本を代表する企業ばかりである。

収益性の分析がテーマではないので、ここで細かい数字を出しての説明は避けよう。大事なのは、全体としての傾向だ。それを見ると、アサヒビールやシャープといった例外はあるにしても、各業界各社の投資収益率は押しなべて、一九七五年から一九八〇年あたりがピークで、それ以降二〇〇五年にかけてほぼ右肩下がりであったことが印象的であった。一九八〇年前後には各社、悪くても五％を超えていた収益率が、二一世紀に入ってからの五年間の平均をとると、食品加工業界も電機業界も、そのほとんどの企業において三％を下回るレベルに落ちている（石井淳蔵「「生存の臨界」に向かう日本の消費財企業」『プレジデント』二〇〇六年五月二九日号）。

これからのことはわからないにしても、二〇〇八年秋に起きたリーマンショックの影響を考えると、二〇〇六年から二〇一〇年の五年間の収益性についても、各社の劇的な改善は期待できそうもない。そうなると、日本の消費財を代表する企業群が、三〇年の長期にわたって、収益性を落としてきている事実は気遣われるところである。その原因は、急性の病でも、また世に言う「失われた一〇年」のせいでも、ましてや好不況の波でもなく、もっと長期的・構造的な課題がここには潜んでいるように見える。

ここでは、二つのことに留意したい。

第一に、いろいろな理由がこの収益性低下傾向には絡んでいるだろうが、一つの理由として、業界ないしは日本経済が成熟期、言い換えると供給過剰期に入ったことがあげられそうだ。一九七四年に、日本の一〇年国債の利回りはなんと一一・七％にも上った。イギリスでは同じく一四・二％。それが、両国の長期金利のピークでもあった。アメリカは少し遅れて、一九八一年に一三・九％のピークを迎える。長期金利は、実物投資に対する利益率の一つの代理指標でもあるので、そう考えるとこの頃、先進諸国では最高の利益率を達成していたことになる。

それ以外のいくつかの事実が、一九七五年前後がわが国および先進国経済の一つの分水嶺であったことを示している。「前年より、より多くのモノを購買し消費する」傾向はこの時期を頂点とするものであった。

第二に、「企業は（というより、「企業の中にいる経営者は」と言った方がいいのかもしれないが）業界の壁を乗り越えることができるのだろうか」という深刻な問題が提起される。先に触れた二つの業界（プラス情報機器の業界も含めると三つ）のそれぞれにおいてあげられた企業はほとんどすべて、同じスピードで収益性を下げている。業界の栄枯盛衰は様々な理由で起こってくるのだろうが、一企業が、そうした業界の栄枯盛衰、つまりライフサイクルを越え出るのは、ことのほか難しいことをうかがわせる。今の時代において、業界の常識に沿って活動していると、あるいは業界他社と同じことをやっていると、生き残ることさえ難しいのかもしれない。

そうした時代にわれわれは生きていて、本書はそうした時代背景の下に書かれている。そのことをまず確認しておきたい。

2 過剰品質のメカニズム

現代は過剰供給の状況にある。クレイトン・クリステンセンは、この時代状況を、過剰品質（Over specification）の時代として切り取る。彼の考えはわかりやすいのでそれに従おう。彼の考えを大胆に単純化して示すと次頁の図になる（クレイトン・クリステンセン、マイケル・レイナー『イノベーションへの解』翔泳社、二〇〇三年）。

この図の横軸は時間を、縦軸は製品の性能を示す。二本の線が引かれていて、その内の一本は技術進歩のトレンドを示す。時間と共に、製品の技術性能は急速に上昇する。もう一本の直線は、生活者が期待するあるいは利用できる製品性能のレベルを示す。これも、時間と共に増していく。だが、その上昇の早さは技術のそれには及ばない。

私たちが日常、よく使っているパソコンや携帯電話を考えると、わかりやすい。一台一〇〇万円もするワープロの機械が出始めたのは、一九八五年頃。その当時のワープロは、文章や文字の変換の効率もスピードも遅く、清書機械としてならともかく、論文を書くツールとして用いるには、技術はまだまだ未熟であった。その機械（ソフト）が技術革新によりどんどん改良されて、自分の考えを表現したり精緻化したりするために欠かすことができないツールに変わってきた。そして今では、ＰＣ＋ワープロソフトには、筆者は使ったことがない、そして使いこなそうとも思わないような機能が数多く含まれている。
ある時点まで、生活者の期待に及ばなかった技術。それが、生活者の期待を超えるものとなる。そして、生活者自身がその技術をうまく使いこなすということができなくなるほどになる。

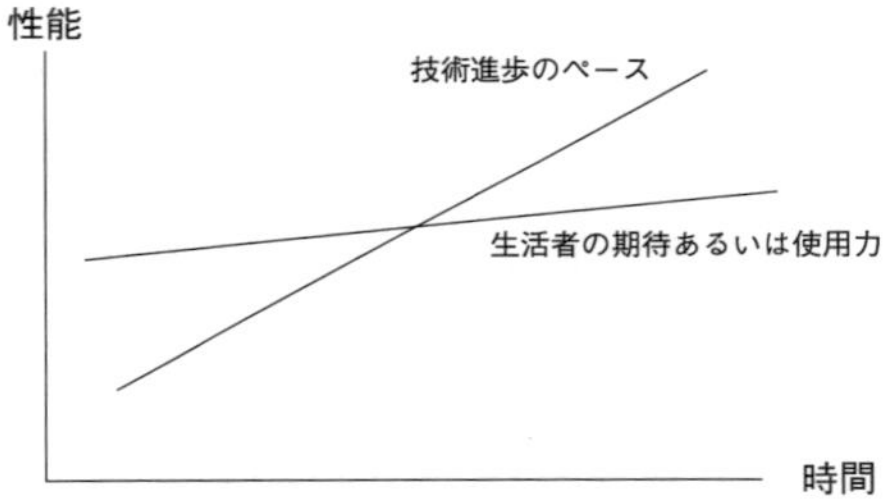

過剰品質のメカニズム

この状態は、技術が、顧客が期待する（利用できる）レベルを上回っている、つまり「技術性能＞顧客の期待性能」であることを意味している。図で言うと、両直線の交点の右側の部面である。

提供される技術レベルが使用者の使いこなす（あるいは期待する）レベルを上回るということは、ＰＣや携帯電話という機械製品ばかりでなく、食品にも衣料品にも日用雑貨品にも化粧品にも、考えられることだろう。それは、つまり機能・品質がオーバースペック、つまり過剰だというわけである。

さて、図で二つの直線が交わる交点を境に、過小品質から過剰品質の状況に変わるわけだが、それを境に、マーケティングのやり方はまったく違ってくる。

交点の左側、つまり技術が生活者の期待に及ばない過小品質の部面では、企業の積極的な技術開発は、生活者の気持ちを捉える。技術の進化による優れた性能の提供は、生活者のニーズに適う。だが、交点を超えて過剰品質の部面に入ると、どうだろうか。

生活者は、新機能の追加や品質のさらなる改善に対して、強い興味をもたなくなる。企業が、新機能や改良製品のメリットをいくら宣伝しても、生活者の反応はもう一つということが起こってくる。「これだけ素晴らしい機能を追加した新製品なのに（あるいは品質を改良したのに）、思ったほど需要は伸びない」ということが起こってくるなら、それは過剰品質の部面に入っていることを疑った方がいいだろう。

しかし、そのことに無頓着な企業であれば、新製品の需要創出効果が現れないとなると、さらなる新製品開発に走るかもしれない。他に、やり方がわからないというのもあるだろう。こうして、技術への投資が嵩《かさ》む一方で、その回収が順調には進まないという事態が生まれてくる。結果は明らかだ。企業の投資利益率は低落の一途をたどることになる。

その企業を含む業界も、おそらく同じように収益性は落ちるだろう。いや、もっと事態は悪いことになるかもしれない。というのは、新製品が生まれても、その果実を収穫する前に、他社に真似され追随されて、その利得を得る間もなく価格競争に突入してしまうからだ。過剰品質の時代は、競争企業間での技術レベルが横並びの時代でもありそうだ。製品開発技術も生産技術も、企業間で横並び状態で、「わが社の商品は業界一番の品質だ」、「わが社の新製品は機能的に一番だ」とアピールしても、すぐにそれに追随される。

過剰の供給の中で、過剰になる品質、企業間で平準化した技術、そして厳しい企業間競争。それらは、あたかも重力が地の底にモノを引きつけるように、ゼロの収益性に向かう力となって働く。それが高度成長期を経た経済社会の特徴だ。企業はその中で、事業の舵取りを迫られている。

3　マーケティング：過剰品質時代における企業経営の救世主

供給が過剰となる経済において登場してくる経営手法が、マーケティング・マネジメントである。企業が市場（生活者ならびに競争者）に向けて行うさまざまな活動、それらを総称してマーケティングと呼び、それらを統一した活動としてマネジすることを「マーケティング・マネジメント」と呼ぶ。

供給が市場の需要に応じることができない需要過剰の状態においては、販売上の問題は何もない。生産するのを待っていたとばかりに、商品は飛ぶように売れていく。しかし、需要が一巡し、供給が需要を上回り始めたとき、企業には販売という課題に直面する。その課題解決のために生まれてきたのが、マーケティングの考え方である。この考えはアメリカ発であるが、それが花開くのは一九五〇年代中葉の頃である。マーケティングの謳《うた》い文句は、「作ったものを売るのはセリング。売れるものを作るのがマーケティング」であったが、そうしたマーケティングの歴史的な課題を理解すると、その意味がよくわかる。

†マーケティング・カンパニー

このマーケティング・マネジメントの概念は、（1）生活者（消費者）志向、（2）マーケティング諸活動の統合的管理、そして（3）全社諸活動のマーケティング志向の下での統合＝マーケティング・カンパニー、を旗印とするものであった。この三つの旗印は、いわば格好を付けるためのお題目のように聞こえるかもしれないが、決してお題目などではない。

実際、マーケティングは、マーケティング発祥の国アメリカにおいて、企業および産業や経済の高度成長を担う重要なビジネス・ディシプリンとなっている。アメリカにおいて企業経営者としてのキャリア形成に不可欠の存在となっているビジネススクールであるが、そのカリキュラムを見るとわかる。マーケティングは、ファイナンスと並ぶ二本柱になっている。これはもちろん、アメリカにおける企業経営の核がファイナンスとマーケティングを軸に編成されていることを反映している。

一般に、アメリカ企業においては、工場部門や技術部門、あるいは総務部や人事部など、「直接に売上げや利益を生むことのない部門」を、会社の外に出す、つまりアウトソーシングしてしまう傾向がある。工場をもたないファブレス・カンパニーの話や、人事や総務部門を外部にアウトソーシングする外資系企業の話を聞くと、日本人は驚いてしまう。日本の企業人にとっては、工場も技術も事業経営に不可欠の要素であり、人事も総務もそれなしに経営管理はできないと考えているからである。

しかし、できるかぎり固定資本をもたない経営をする、そしてそれにより投資あたり高い収益性を確保する、これがアメリカ企業の狙いである。そのために、直接利益や売上げを生まず固定費になってしまう部門は、できるかぎり会社の外に出す。そして、徹底して固定費を減らし、経営を軽装備化することを図る。その工夫によって、企業に高収益体質をもたらし、株主志向の経営に適うものになる。

そうした経営スタイルの中で、最後の最後まで企業の中に残る機能が、ファイナンスとマーケティングというわけである。ＭＢＡが、この二つのディシプリンに集中する傾向があるというのもよくわかる話だ。余分な機能をできるかぎり外に放り出し「軽装備」の経営を図るアメリカの企業と、製造や技術中心で多大な固定資本を保有する日本の企業の経営スタイルとは対照的である。その点で、典型的なアメリカ企業は「マーケティング中心の経営＝マーケティング・カンパニー」と見なすことができる。その代表は、P&Gやコカ・コーラやナイキであるが、これらの企業は平均して二〇%を超える投資収益率を誇る。収益体質は全く違っている。両者の対照性は、上図のように示される。

アメリカ流の経営スタイル、つまり「マーケティング・カンパニー」の概念が、声高らかに提唱され始めたのが約半世紀前、そしてその原理を守ってきたのが世界で活躍するアメリカ企業ということになる。そこから学ぶことは、決して少なくない。

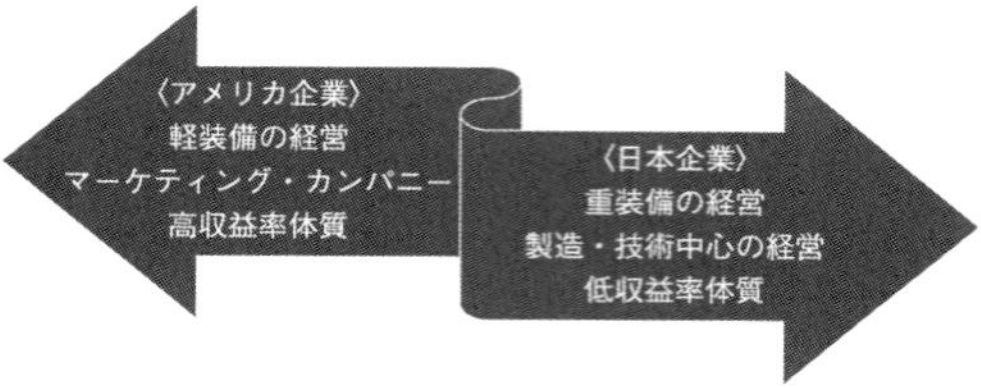

対照的な2つの経営スタイル

†マーケティング・マネジメントを学ぶ

日本で活躍するアメリカの消費財メーカーを思い浮かべてみよう。P&G、コカ・コーラ、ナイキ、コダック、ジョンソン・エンド・ジョンソン、ハーレーダビッドソン、ギャップ、リーバイス……。

だが、日本市場で活躍するアメリカのメーカーの数は多くない。GMやフォードやGEやGF(ジェネラルフーズ)は、一時日本市場でも活躍したが、今は、あまり耳にすることもない。

むしろ、逆に、アメリカ市場で活躍する日本の消費財メーカーの方が目立っている。トヨタやホンダといった自動車メーカー。ソニーやパナソニックやシャープといった電気機械メーカー、キヤノンやニコンや富士フイルムといったカメラメーカー……。この姿を見ると、収益性は低いかもしれないが、日本メーカーの存在感は光っている。

だが、生活者向けサービス企業を含めて考えると事情は違ってくる。レストランでは、マクドナルド、ケンタッキーフライドチキン、ピザハット、スターバックス。レジャーランドになると、ディズニーランド、ユニバーサル・スタジオ・ジャパン（USJ）。ホテルでは、ヒルトン、マリオット、シェラトン……。日本で活躍するアメリカのサービス企業は多い。ITサービス関連では、マイクロソフト、グーグル、アマゾンと、アメリカ企業の天下だ。それに対して、アメリカで活躍する日本のサービス企業となると皆無に近い。

こうした現実を眺めると、経営において、モノづくりの比重が大きくなるとアメリカ企業の存在感は薄れ、逆に、製品技術やモノづくりの比重が下がり生活者接点でのサービスの比重が高まると途端にアメリカ企業の存在感が増してくる。そんな印象だ。

こうした印象を少し大胆に言い直すと、アメリカ企業のモノづくりには、一部を除いてもはや学ぶところは少ないのかもしれない。しかし、サービス企業の活躍ぶりを見ると、生活者接点におけるアメリカ企業のマネジメントの巧みさは、日本企業のそれより一日の長があるように思われる。そう、市場との接点のマネジメント、つまり「マーケティング・マネジメント」

には、まだまだアメリカないしはヨーロッパ企業から学ぶところがありそうだ。

もっとも、学んでそのまま真似をしろというのではない。先に述べたように、日本の経営スタイルとアメリカの経営スタイルは違っている。アメリカ発のマーケティング・マネジメントの考えは、日本流の経営やその会社の風土に馴染《なじ》まないかもしれないし、そのやり方を採用すると日本の経営の良いところが消えてしまうかもしれない。その点は、十分に比較秤量《ひょうりょう》することが必要だ。大事なことは、日本流のやり方・考え方とは異質なやり方・考え方があることを知ることであり、知ることによって自分たちが大事にしてきた日本流のマーケティングの良さと限界をあらためて見直すきっかけにすることである。

4　市場関係のデザインを求めて

マーケティング・マネジメントは、一筋縄ではいかない。なぜなら企業経営者やマーケティング担当者が、こうしたいと思っても、市場（生活者や顧客）は思うようには動かないからだ。資源を費やした新商品があえなく失敗し、他社を真似て発売した商品が大ヒットする。時間をかけて総力をあげて展開したキャンペーンが失敗し、生活者の口コミの中で静かに広がった評判がその商品を救う。思惑と異なることがつねに起こる。そこが、対組織内部のマネジメントと対市場のマネジメントの一番の違いだ。つまり、経営者やマーケターの意のままにはならない市場を相手にする、これがマーケティング・マネジメントの難しさの根源にある。

そうした市場に対峙《たいじ》するとき、大事なことの一つは、未知の世界を怖がることなく、創意工夫を発揮してチャレンジしていく気持ちをもち続けることである。だが、その気持ちだけでうまくいくほど市場は甘くない。「千三つ狙いの、何でもあり」や「前のことは忘れて、心機一転がんばろう」は気の持ちようとしては大事だが、そればかりだと、どこに向かって進んでいるのかわからなくなってしまいそうだ。それ以前に、コストが嵩んで、そうした試行錯誤さえ続けることができなくなる。それを避けるには、市場との関係をある程度、自分の意思が反映できるよう工夫することである。

その課題は、「市場との関係を、（自分の意思が反映できるよう、マネジメントできるよう）どうデザインするのか」と言い換えることができる。いわば、マーケティング・マネジメントの全体の枠組みのデザインということになる。そして、その枠組みは、本書を通してのテーマとなる。

そのために、組織上の工夫や戦略上の工夫が必要だ。先進的な企業の試みを探りながら、そのための手がかりを探り、一つでも二つでも、経営に役に立つ道具や知恵を探り当てたいというのが、本書の目的である。

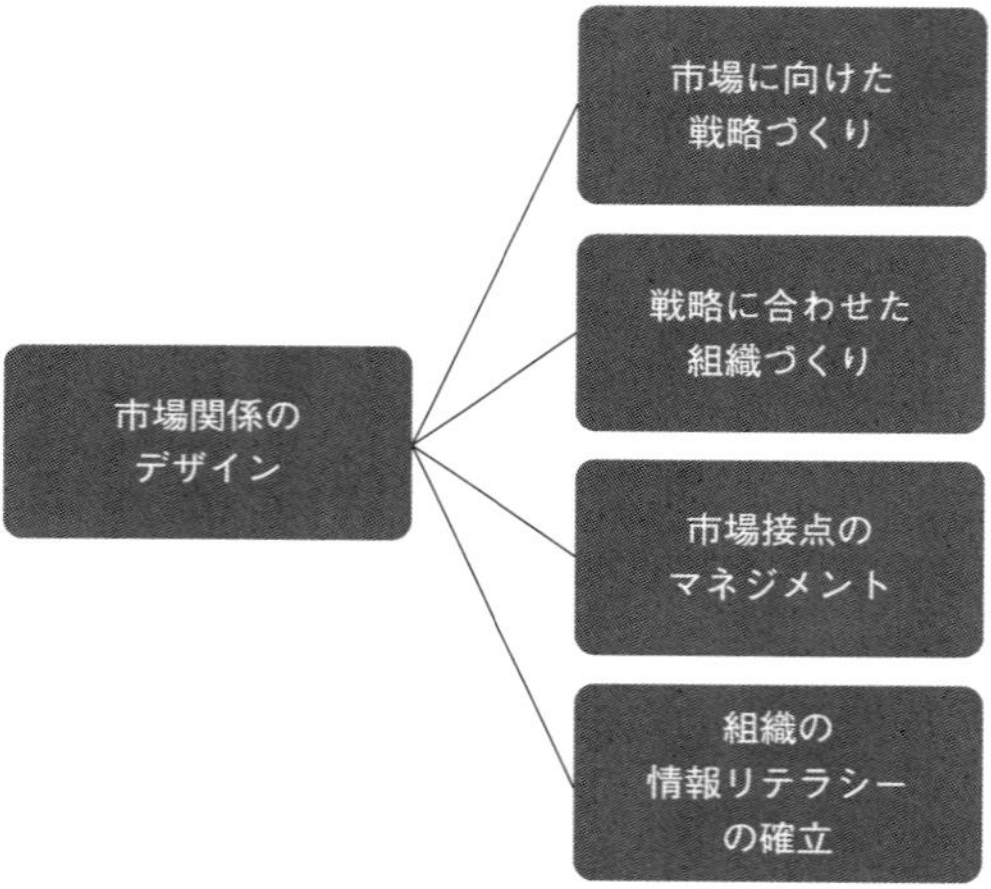

本書の構成

「市場関係のデザイン」というテーマの下に、以下の四つの下位テーマを考えている。①生活者・顧客志向の戦略づくり、②戦略に合わせた組織づくり、③市場接点のマネジメント、④組織の情報リテラシーの確立、がそれである。上図に示しておこう。

図の解説は、最後の章に回そう。ただ、こうした市場関係のデザインの概念、そしてそこに含まれる四つの要素こそ、アメリカ発のマーケティング・マネジメントという概念、言い換えるとP&Gやコカ・コーラやナイキ、あるいは世界で活躍するアメリカのサービス企業、さらには日本のマーケティング先進企業の強さを基礎づける要素だと考えている。本章の章題を、「マーケティング・マネジメントを求めて」とした所以はここにある。

第Ⅰ部

市場志向の戦略づくり

第Ⅰ部では、市場（具体的には、生活者・顧客）志向の戦略づくりを学ぶ。「戦略」という言葉は、軍事用語である。対峙する敵との戦闘において、どのように勝利するのかを図るのは、軍事用語で「戦術」と呼ばれる。それに対して、戦略とは、どこで戦闘を行うのか、つまり戦場をどこに定めるのかを図ることだと言われる。

本書でも、その意味するところは変わらない。事業の戦場をどこに定めるのか、これが戦略の要諦《ようてい》である。事業における戦場の決定とは、「誰に対して、どのような価値を、どのような方法で提供するのか」という事業の根本を定義することである。戦略策定の根本はこれに尽きる。

†事業の定義

さて、事業を定義する上で、「誰のために、何をしたいのか」という問題が重要だ。企業経営者に、「あなたの事業の目的は、何ですか？」と問うと、「慈善事業ならともかく、私たち企業の事業目的は利益をあげることです」という答えが返ってきそうだ。だが、「誰のために、何をしたいのか」と問うと、少し答えも違ってくる。「誰のために、何をしたいのか」、これは事業のミッションと呼ぶにふさわしい。

事業ミッションには、いくつかのタイプがある。たとえばエジソンのように、電力会社を始めるにあたって、「この電力発電・送電という画期的な技術を、なんとか世に出して、社会に貢献したい」というミッションがある。あるいは、パナソニック創業者の松下幸之助やダイエー創業者の中内功《いさお》が盛んに言っていたように、「社会に向けて、良いモノをどんどん安く提供したい」という事業ミッションもありうる。

前者は新しい技術の普及、後者は製造・販売の新たな仕組みづくりが事業のミッションと言える。いずれも、現代社会においても大事なミッションであるが、過去のある時代、需要が供給を上回った時代においてはとくにそうであった。製品技術や生産技術の発展がまだまだ企業間において片寄りがあり、製品技術や生産技術上の優位がそのまま競争上の優位に結びつく時代。そういう時代にあっては、個々の企業による新技術導入、製品品質改良、あるいは規模の経済に基づく生産・販売コストの低下といった試みは、社会全体の目標とも合致するものであった。

二〇世紀初頭の欧米において、機械や化学分野において画期的な新技術によって企業や産業が起こった時代。あるいは、二〇世紀中葉以降、消費財市場が急成長し、大量生産・大量販売体制が確立される中、巨大消費財メーカーが規模の経済を最大限生かして市場独占を図った時代、そしてそれに対抗するようにビッグリテイラーが小売独占を図った時代。そうした時代においては、画期的技術の開発とその普及、そして大量生産販売方式による低コスト・良質商品の提供は、社会のそして企業の重要なミッションとなりうるものであった。

長い歴史を考えると、経済社会のミッションと企業のミッションとは無縁ではない。否、むしろ経済社会が要請するミッションを、巧みに企業のミッションに振り替え、実現できた企業が成長すると考えるのが理に適っている。

†生活者志向

では、現在では、どのような経済社会ミッションが要請されているのだろうか。

現代は、序章にも触れたように、画期的技術の開発によって企業や産業を創造し、あるいは大量生産・大量販売による低価格商品の提供によって産業で覇権を握ることは難しい時代である。画期的な新技術、他を圧するような大規模工場を軸とした大量生産体制、絶え間ない製品品質改良は依然、他社に対する競争優位を確保するための有力な武器ではあるのは確かだろう。だが、以前のようにそれによって他社に圧倒的な差をつけることができるとか、長期にわたって業界の盟主として君臨できる、ということは少なくなってきている。そこで、技術や生産以外の部面、つまり市場に注目が集まる。

カギとなるのは生活者（ないしは消費者）である。つまり、現代における一番の事業ミッションは、技術を通じて優秀な製品を作り出すことでも、低コストの製品を作り出すことでもない。最終ユーザーである生活者のより良き生活に向けてのものでしかない。生活者志向。現代の事業ミッションは、これでなければならない。

しかし、「生活者に向けて事業ミッションを考える」といっても、「生活者に聞けば、それがすぐにわかる」というほど単純なものではない。生活者の言うとおりに商品を作っても、その多くは従来の延長線上にとどまり、激烈な価格競争という消耗戦が待っている。そこで、当の生活者が思わなかったような価値、つまり生活者に「そうそう、こんなものが欲しかった」と言わせるような価値を提供する必要がある。そのために、何が必要なのか。第I部では、その問題を考えていこう。

第I部のカギとなる概念は、ＳＴＰである。〈S〉は Segmentation の頭文字で市場細分化を、〈T〉は Targeting の頭文字でそのままターゲティング（あるいは、ターゲット決め）を、そして〈P〉は Positioning の頭文字でこれもそのままポジショニングを意味する。みずからの市場を細分化し、ターゲットを決め、ポジションを決める。この手順は、いわばマーケティングの定番である。

第1章では、青芳《あおよし》製作所を取り上げて、市場を細分化し、自分たちがターゲットとする生活者の層を絞り込むことの重要さを示したい。第2章では、アート引越センターの創業とスカンジナビア航空（SAS）の再生のケースから、顧客層を細分化し、その中からターゲットを決め、そしてポジショニングすることの重要さと、そうした戦略上の工夫に見合ったオペレーション改革の重要さを明らかにする。第3章では、パナソニックのレッツノート事業を取り上げて、事業を再定義する中で、見事、「小さな池の大きい魚」として、新しい成長経路を獲得した経緯を紹介する。最後の第4章では、STPの枠組みとはひと味違う、伊藤園の緑茶事業の成長のケースを学ぶ。ポジショニングが細分化やターゲティングに先行する考え方の意義を示したい。

第1章　生活者に向き合う

1　はじめに

日本のモノづくりを支えてきた一つの勢力は、日本各地にある地場産業である。地場産業とは、一定の範囲の地域において、特定の業種の中小企業群が、集中的に立地している産業のことを言う。言葉で言うより、兵庫県豊岡のカバン、福井県鯖江《さばえ》の眼鏡フレーム、神戸長田のケミカルシューズ、愛媛県今治《いまばり》のタオルといった地場産業の名前をあげるとわかるだろう。

これらの地場産業の中には、日本国内市場にとどまらず世界に雄飛したところも少なくない。とにかく、コストが安くて、品質が良くて、決められた量を決められた納期にキチンと納める、という日本のモノづくりの特徴が世界で高く評価されたのだ。

しかし、そうした地場産業も、一ドル三六〇円の時代から一ドル一〇〇円を割るような円高の時代に入り、さらには最近では中国をはじめとする新興国における工業の発展により、世界の市場の多くを失うに至る。その理由はハッキリしている。地場産業の多くは人手に頼った工業が多く、しかも日本の人件費の高さは世界トップクラスのため、新興国の人件費の安さにはかなわないからだ。しかも、中国では、積極的に先進技術を取り込んでいく気概もあって、日本の地場産業はコスト、品質、先進技術のいずれにおいても優位な地位を築くことができない。かつて世界の市場を握った鯖江や燕・三条といった地場産業も例外ではない。事業を縮小したり倒産したりする会社は増え、地場産業の先行きが危ぶまれているのが現在の姿である。

ここで紹介する青芳製作所は、新潟県の燕・三条にあってスプーンやフォークなど金属食器を製造している。同社も、一九八五年までは、売上げの九五%を輸出が占める時期が続いた。しかし、他の地場メーカーと同様、中国メーカーに世界の市場を奪われていった。同社は、もはや大量に生産・販売するやり方での生き残りは難しいと考えた。そうした急激な需要の減退あるいは競争優位の喪失の中で、しかし、はたして何が可能なのだろう。同社のとった方策は一つの道を教えてくれる。

2 障害者用スプーンの開発

同社は、どう生き残るかいろいろ考えた。そして、指や手が不自由で、ふつうの人のようにスプーンを手と指でしっかりもって食事することができない人のためのスプーンを作ろうと考えた。身近にそうした方がおられたというのも、一つの理由であったと聞く。

まず、そのために、一つはスプーンの先端部分、お皿のところを右あるいは左に傾けることを考えた。それにより、これまでのまっすぐに伸びたスプーンでは口に届きにくかった人も口に届きやすくなる。

もう一つ、スプーンのもち手の部分、つまりグリップを、手のひら全体で摑《つか》むことができる工夫を考えた。小さい赤ちゃんのスプーンの使い方を見るとわかるだろう。赤ちゃんは、スプーンを手でわしづかみにして食事をとる。

手で摑みやすい、しっかり抑えがきくスタイルのグリップを考えたが、あまり評判はよくなかった。というのは、手や指が自由に使えないといっても、握力の強さや、指や手の動きの不自由さや、あるいは指や手の変形の程度は、人さまざまだったからである。そのため、手で摑むスプーンといっても、一つの型のスプーンでそれらの人それぞれの多様な要望をカバーできないのである。

途方に暮れたが、あるとき、形状記憶ポリマーという素材が開発されたことを知った。さっそく、その素材を開発した三菱重工を訪ね、スプーンのグリップ製作にあたって、その技術の借用をお願いした。そして、共同開発の形をとることになった。

その素材をスプーンのグリップのところに使うと、どうなるか。その素材は、お湯につけると柔らかくなって、外に出すとその形に固まるという特性をもつものであった。その特性を利用すると、スプーンのグリップの部分を指と手に合わせて暖かい湯につける、そしてそのまま湯から出すと、その指と手にピッタリと合ったスプーンのグリップができあがる。

このスプーンは、歓迎された。健常者は、自分でスプーンやフォークや箸《はし》を使って食事をするのに何の困難も感じない。スプーンやフォークを使うことが、取り立ててすごいことだとも思わない。しかし、自分で食事をとりたいと思いながら、人に食べさせてもらわざるをえなかった人にとっては、自分の手や指にピッタリ合った形状記憶のスプーンは、それこそ待ち望んだものであった。「食事を自分で取ることができる」かどうかは、人間としての尊厳にも関わることなのである。

3　スプーンとはいったい何か

同社は、利用者の想像以上の喜びに自信を深めたが、同時に同社にとっても、それは、「スプーンとはいったい何か」を考えるきっかけを与えるものになった。

「スプーンとは何か」という質問は、当り前すぎて答えにくい質問だ。筆者も、青芳製作所にお話を聞きに行ったときに、「スプーンとは何ですか？」と問われて戸惑ったことがある。ウィキペディア流に言うと、「食品や薬品をすくい取ったり、混ぜたり、量ったり、潰したりする道具のこと」である。あるいは、形状で言うと、「ものを乗せる皿状の部分と手でもつための柄（グリップ）からなるもの」であり、素材で言うと「ステンレス・金・銀、真鍮《しんちゅう》やニッケルなどをめっきしたものなど金属製のものが多い。木製や陶器製のもの、角や骨を材料に使う地域もある」といった具合になる。

タイプとしては、シチューやスープなどの料理をすくったり、料理を大皿から各個人の小皿に取り分けたりするテーブルスプーン。それより小型のスープスプーン。デザートや果物をすくうデザートスプーン。アイスクリームスプーン。飲み物（主に紅茶）をかき混ぜるティースプーン。コーヒーに入れるために砂糖を計量したりかき混ぜたりする、コーヒースプーンといったものがある。

いずれのスプーンにしても、スプーンの多様な種類から始まって、その形状もその素材も、ヨーロッパの食文化の中で生み出されたものである。用いられるスプーンの形状は、ヨーロッパ人の食べる食材に合わせたものであり、そしてヨーロッパ人の身体、手・口・一口量に、合わせたものになっている。ヨーロッパ人にとって、もちやすく使いやすい重さと大きさに作られ、またヨーロッパの食材が食べやすいようにデザインされている。

他方、日本ではどうか。同社の調べによると、現在日本において私たちが使っているスプーンの歴史は、筆者が思った以上に新しい。わが国でスプーンが使われるのは、洋食が家庭内に普及し始めて後ということになるが、一番はカレーを食べるときに用いられる。そのカレーが日本の家庭の食卓を飾るようになるのは、エスビー食品が固形のカレールーを発売して、家庭でカレーを料理することが一般的になった一九六〇年代以降のことである。スプーンも、それと共に家庭内に重宝されるようになり定着していった。

戦後のある時期、私たちの食生活の変化と共に家庭に入ってきたスプーンだが、使われるスプーンは、ヨーロッパで用いられているスプーンそのままであった。そして現在もそのままである。われわれが、家庭でカレーやシチューを食べるときに使っているスプーン、あるいは食堂でカレーを食べるときに冷たい水の入ったコップに入って出てくるスプーンは、ヨーロッパで使われているスプーンとデザインはまったく変わっていない。

日本人の食生活に、そしてまた日本人の身体に合ったスプーンを開発する必要があるのではないか、とくに高齢者に向けて必要ではないか、と同社は考えた。そして、企画・開発がスタートした。

†高齢者に向けたスプーン

青芳製作所の方にそう言われて、筆者も気がついたのだが、確かに今、カレーやシチューを食べるときに使っているスプーンは、決して使いやすいものとは言えない。欧米人は、スプーンを口に向けて九〇度の角度で、口に運んでいる。そのままスプーンの皿の部分全体を口の中に入れて、上唇を使って口の中に食材を取り込む。他方、私たちは、スプーンを九〇度の角度で口元にもってはこない、だいたい斜め四五度くらいの角度でスプーンを口にもってくる。スプーンは斜めに口にあたる。しかも、スプーンの皿の部分を口の中に入れるというより、スプーン皿の先の部分をちょっと口に入れて流すか、スープ系だと「すする」という動作が優勢になる。筆者の感覚で言うと、スプーンの皿の部分は口の中に入れるにはちょっと大きすぎる。

ちょっと考えただけでも、日本人の食生活や日本人の食事スタイルに、今のスプーンはピッタリ合ったものではなさそうだ。とくに、それが高齢者や小さい子供、あるいはご婦人の方ともなると、不具合は小さいものではない。

そこで同社は、まず高齢者に向けて、食べやすいスプーンの開発を目指した。新潟大学工学部の人間福祉工学科や日本歯科大学と共同して、もちやすいグリップや口に入る部分の大きさ・量・形状について、調査研究を重ねた。口の大きさ、食べる一口量、食べる角度、もち方等については、そのためのベースとなるデータとして、施設・病院の実際の高齢者ユーザーからの声を集めた。そして、手にもちやすく、軽く、小さく、底の浅い、口のあたりがソフトな形状のスプーンが製作された。それらの一部は、右に示される。

高齢者向けに製作されたそれは、しかし、高齢者だけでなく、幼児や子供や女性にも、そしてこれまであまりスプーンの機能や形状のことなど考えたこともなかった、筆者にも使いやすいスプーンであった。いわば、人に優しいデザイン、「ユニバーサル・デザイン」にほかなら

なかったのである。

4 学びたいこと

青芳製作所では、かつて、そのビジネスのほとんどすべては海外市場に向けたものであった。主として海外の需要者からの注文仕様に手際よく応えて製作するメーカーであった。「誰が、そのスプーンを使うのか」とか、「その商品は、どのような食事のときに、どのように使われるのか」ということは考えることもなかった。

だが、障害者そして高齢者という小さい市場をターゲットに置いて、自身の事業の再出発を図った。そして、それをきっかけとして、「誰が、何のために、どのようにスプーンを使うのか」というスプーンの原点に着目したモノづくりを始めた。

この会社の事業の転換は、二つの教訓を私たちに与えてくれる。その第一は、生活者視点で事業を考えることの大事さである。

青芳製作所は、現在の厳しい競争の中で、「何でもよいから、安く作ろう」とか、「誰でもよいから、とにかくコストと品質を売り物に売り込んでいこう」という考え方では長きにわたって事業を続けていくのが難しいことを経験した。「とにかくコスト」、「とにかく品質」という

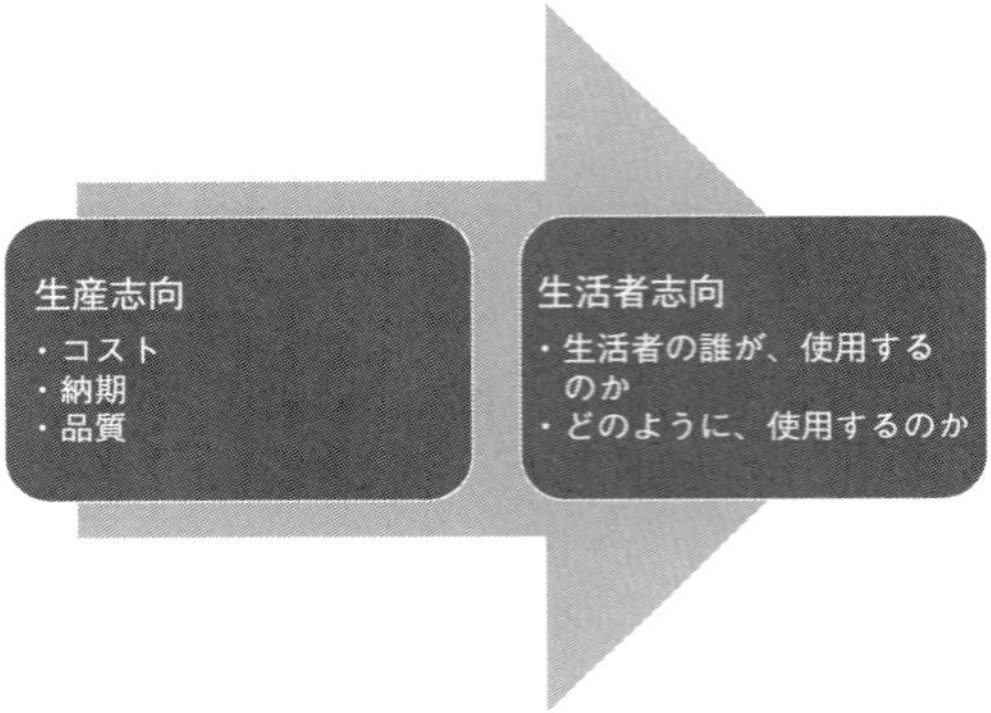

生産志向から生活者志向へ

考え方は、「生産志向」と呼ばれる考え方である。その考え方ではなく、「自分たちの商品を使う生活者は誰か」、「どの生活者の要望に応えるのか」を事業の出発点に置いた。それは生活者志向と言われる考え方である。

青芳製作所のケースは、生産志向で生き残れなかった企業が、生活者志向へ事業の進め方の根本を切り換えることで、生き延びる可能性が生まれることを示唆している。

生産志向には、一気に市場を奪われてしまうリスクがある。だが、生活者志向には、そうしたポキッと折れてしまうような弱さはない。青芳製作所がこの新しい視点を採用して、劇的に成長して大企業になったというわけではないが、生活者に着目し、向き合う生活者を絞り、新しいニーズを探ることを通じて、しぶとく生き延びていく道は見つかる。

それだけではない。第二の教訓であるが、自分が向かい合う生活者の層を絞ることの重要さを教えてくれる。自分が立ち向かう生活者層をいくつかの層に細分化し、その中から障害者や高齢者といった層に絞ったことである。細分化（Segmentation）し、層を確定した（Targeting）わけである。

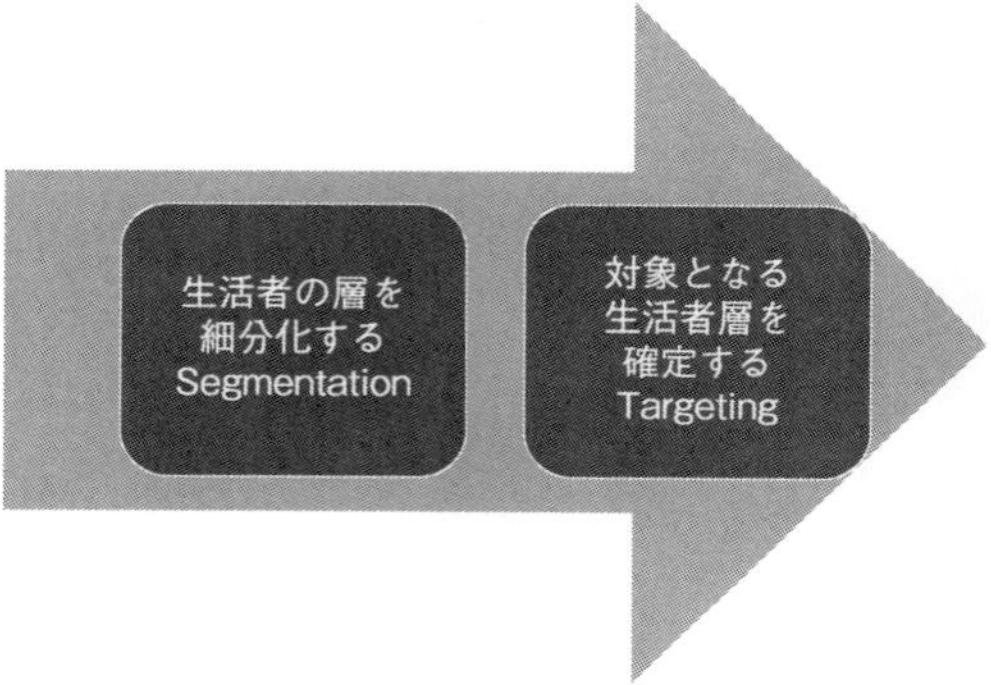

細分化し、ターゲットを確定する

そして、絞った対象生活者層の食生活や食スタイルに迫り、彼らが本当に必要とするものを見つけ出していった。しかも、ターゲットとなった障害者や高齢者の方々自身、「自分は、いったい、どのようなスプーンを欲しいと思っているのか」は、はっきりとはわかっていなかったはずだ。つまり、生活者のニーズに応えるといっても、生活者の見えないニーズに応えるものであった。

対象相手を絞って、その気になって努力すれば、見えないニーズも見えてくる。その努力の中で、「スプーンとは何か」、「食事するとは何か」という原点に関わり、これまでこの業界にはなかった「ユニバーサル・デザイン」という新しい価値が誕生した。

生活者の心の中に、「ユニバーサル・デザインの食器と言えば、青芳製作所」といった連想を刻み込むことができるかどうか（以下の用語で言うと、ポジショニングできるかどうか）はなお道が遠いにしても、その地平が見えたことは確かである。

第2章　市場を細分化し、ターゲットを定め、ポジションを獲得する

自分たちが向き合う生活者・顧客の層を選択して、その生活者・顧客の視点から事業を見直すこと。これが、第I部を通して理解したい点である。だが、理屈としてはわかっても、実際に経営の中では、生活者・顧客の視点から事業を見直すことにはなかなか気がつきにくい。しかし、ちょっとしたことだが、それへの気づきとそれへのこだわりが、大きい成功に結びつくことが少なくない。

アート引越センター（以下では、略してアートとする）とスカンジナビア航空（SAS）のケースは、そのことを教えてくれる。二つのケースが一つの章に入るのはここだけだが、業種や国は違っても、アートは運送業を、SASは航空業を、サービス業に切り替えた点、つまり業界（生産）発想から生活者発想へと切り替えた点は共通する。

1　アート引越センター

†引越業に取り組むきっかけ

「荷造り、ご無用～♪　０１２３、アート～♪　引越～♪　セ～ンター～へ！」。同社の宣伝文句だが、つい口ずさんでしまう生活に馴染んだ歌である。このアート引越センターは、寺田寿《とし》男《お》と千代乃の二人が結婚して寺田運輸という小さい運送業を始めたのがそもそもの始まりであった。

寺田運輸は、一九六八（昭和四三）年、鋼材問屋の下請けの運送業者としてスタートを切った。三台の二トン車のトラックで始めたのだが、頑張って数年後には一〇人を超える従業員を雇えるところまで成長した。若い二人が立派なものである。だが、好事魔多し、一九七三（昭和四八）年にオイルショックが起こり、多くの零細企業と同様、経営が傾いた。そこで生き延びる策を考えざるをえなくなったのだが、そこで出てきたアイデアが引越業であった。

引越業を事業として始めようと思った一つのきっかけは、ひょんなことだったという。ある雨の日、二人は、大阪と奈良を結ぶ阪奈道路の歩道橋の脇に、引越荷物を満載した大手運送会社のトラックが停まっているのを見た。年老いた運転手と若い助手が、びしょ濡れになった荷物に慌ててシートをかけている光景を目撃した。千代乃はそれを見て、「お客さんの大切な荷物が雨に濡れてしまっては、どうしようもないな」と気の毒に思った。それが、アート引越センターを始める一つのきっかけだったという（巽尚之『アート引越センター 全員野球の経営』PHP研究所、二〇〇六年）。

その当時、日本に運送屋は何万社とあったが、アート引越センターがその事業を始めるときに引越専門会社はほとんどなかった。あっても、運送業者が片手間にやる程度のものであった。それでも、転勤や婚礼などで転宅・引越のニーズをもった生活者はいつの世にもいる。そして、その生活者は運送屋へトラックを借りに、あるいは運送サービスを購入しに行く。だが、運送業者の誰も、やってきたお客さんを目の前にして、「このお客さんが本当に欲しいものは、何か」というところまではあまり考えなかった。「お客さんは、トラックサービスが欲しいわけでも、運送サービスが好きなわけでもない。お客さんが本当に必要としているのは、引越だ」と、考えを及ぼす人は少なかった。たとえ考えたとしても、それを事業のベースとしようとは考えなかった。

†引越をサービスパックにする

二人は、引越専門会社を立ち上げることを決心したが、当時は引越が事業として成り立つとは思われていなかった。陸運局に引越業の許可を求めに行ったとき、事業としてやっていけるかどうかの説明だけでなく、それが事業として成功する証拠を出すよう求められたという。ある意味、海のものとも山のものともわからない事業であることは推察がつくが、それだけに成功する証拠を出せというのは無理な話である。だが、そうしたハードルもなんとか乗り越えて、二人は引越専門業を開始した。

荷物の運送は、引越においてはなしで済まされない作業だが、引越全体の作業の流れで言うと一部でしかない。引越には、運送以外にもいろいろの作業がある。タンスや食器棚から衣服や食器を取り出す。それらを荷造りする。荷造りした荷物や、タンスや冷蔵庫等の大型荷物などをトラックに積み込む。積み込んだ後の家を掃除する。電気ガス水道などの公共サービスを切る。荷物を引越先まで運送する。引越先で大型荷物をトラックから運び出して、新居のしかるべき場所に置き直す。荷物をほどいて再収納する。さらには、電気ガス水道の手配、役所への届け出、近所の挨拶……。

これらの作業の多くは、家族総出で、それで足りなければ親しい人に助っ人を頼んでこなされるのが普通であった。アートは、これら引越にまつわる作業のすべてをまとめて、一つのサービス商品に仕立て上げることを考えた。細々とした生活の道具を段ボール箱に詰めるのも、それらをトラックまで運ぶのも、そして目的地に到着し荷物を再びほどいて、元の食器棚や洋服棚に収納するのも、全部アートがやることにした。それによって、主婦一人でも、引越を差配するだけで、力のいる作業はほとんどアートに任せることができた。「奥様、荷造りご無用」を可能にしたわけである。宣伝やPRを通じてそのことを繰り返しアピールした。

お客さんである主婦が喜んだのは言うまでもない。その証拠に、事業は急成長した。開業一年目は三〇〇〇万円の売上げだったが、三年目の一九七八年には七億五千万円に、そして七年後には一〇〇億円を突破し、二〇〇八年現在では七〇〇億円に迫っている。

†生活者とのコミュニケーション

引越サービスを商品化しただけでなく、同社は、生活者とのコミュニケーションのやり方もしっかりと考えた。そして、「女性らしい心遣い」を前面に押し出した。

アートは、コンテナ付きのトラックで引越を始めていた。意図はもちろん、運送の際に風雨の影響を受けないことや、コンテナに積み込むと紐で荷をくくることも不要になるという点にあった。しかし、コンテナ付きのトラックは、それ以上のメリットがあることが実際にやり始めてからわかった。引越荷物をコンテナの中に収納してしまうと外には見えない、というメリットである。自分たちの生活のさまざまな用具が、近所に丸見えになるのはあまり好ましいことではないと、考えるのは誰しもそうだ。

その当時、運送会社を中心に競争会社も次々に生まれてきていた。アートも、それらとどう差別化するかに苦慮した。アートは、生活者の気持ちに対するこうした細かい配慮を差別化の軸にしようと考えた。引越をする生活者への配慮の気持ちがないと、引越業者は家の中にそれこそズカズカと土足で入り込んできて、細々とした（しかし、家族にとっては大事な）荷物を粗雑に扱うこともあるかもしれない。それでなくても、生活者にしてみれば、生活の隅々まで見られてしまうという引け目がある。そうした生活者の気持ちを、どれだけ配慮するか。小さい問題のように見えるが、実際、どの引越会社を選ぶかということになると、気になる点だ。とくに女性なら、業者であっても見知らぬ男性社員がズカズカと家の中、生活の中に入り込んでくるのはいやなものだろう。

そのあたりを考えて、「女性（奥さん）のための引越サービス」を事業の中心に置くことにした。運送中のコンテナの中での「殺虫サービス」。近所への挨拶用の「よろしくサービス」。電気工事を伴う家電商品の販売。見積もりに伺ったお家《うち》には電話代として一〇円を置いてくる「一〇円玉作戦」。引越の際、相手のお家に上がるときの白い靴下への履き替え。運送後、荷解きをして古新聞に包んだ食器を取り出して洗剤を使って洗うという「エプロンレディのエプロン作戦」。女性の引越は女性スタッフが担当する「レディースパック」等々がそれである。こうした生活者の気持ちに入り込んだ女性らしい繊細な心遣いをサービスに追加していった。なにより、妻の千代乃が社長になって、女性中心の会社だと打ち出したことも大きかったかもしれない。

こうして、「女性のための女性による引越」という会社のメッセージが生活者に伝わっていく。しっかりした企業イメージは、口コミやPR（パブリック・リレーション）を通じて生活者に伝わりやすい。

宣伝やPRだけで、しかし、事業が成り立つわけはない。宣伝やPRを見て生活者となる主婦が期待するだけの、あるいはそれを超えたサービスを提供しないといけない。

アートはまず、引越コストの見積もりシステムを作った。タンス、応接セット、ベッド、テレビ、冷蔵庫など多岐にわたる家具家財から標準的な立方体を算出し、これを点数で表示する。誰が下見に行っても、システム通りチェックすれば、総体容積が自動的に引き出せるように考えた。そうした料金が算定できるユニークな見積もりシートを作り、料金算定のやり方を標準化した。それにより、誰でも、お客さんを待たせることなく、しかもわかりやすい明瞭な価格を提示することができるようになった。それまでの引越作業の見積もりは「つかみ見積もり」

と呼ばれるような不明瞭な見積もりでしかなかった。

スリムでスピーディーな荷造り梱包《こんぽう》技術の開発や、家財保護と扱いに適した荷造り資材の採用にも留意した。ピアノをはじめとする運搬技術も業者に頼らず、自社でマニュアルを作成し万全を期した（藤本健二『寺田千代乃と401人の戦士たち』サンケイ出版、一九八四年）。こうした作業工程や資材改良、引越スキルの改良を通じて、他の引越業者との違いを鮮明にしていった。

2 スカンジナビア航空（SAS）

試行錯誤の中で、市場を細分化し、ターゲットを引越ユーザーに定め、そしてその業界で生き残るために女性らしいサービスにポジションを定め、そのための資源や技術を蓄積してきたアート引越センター。そうした試みを、より分析的に進めてきたのが、次に紹介するスカンジナビア航空（SAS）である。

†顧客満足を高め、競争に打ち勝つ

スカンジナビア航空社長、ヤン・カールソンは、社員に向かってこう言った。「お客さんは

これまで、国際会議を開くとき、まず、スカンジナビア航空の時刻表を調べた。それに合わせて、会議の場所と時間とを設定した。しかし、今は違う。お客さんは、自分たちの会議の場所と時間を調べてから、どの航空会社に乗るのかを決めるようになった」と（ヤン・カールソン『真実の瞬間』ダイヤモンド社、一九九〇年）。

SASを取り巻く競争状況が様変わりしたと言うのである。それまで独占的であった航路に参入者が相次いで、乗客を奪い合う事態に陥っている。その状況に直面するわが社は、これまでとは違ったやり方でやっていかないといけない。ヤン・カールソンは、こう述べたのだ。

彼は、若くして二つの会社を再建した後、SASの社長に就任する。最初の会社では、劇的な低価格政策を打って出て大成功を収めた。しかし、SASにおいては、価格で勝負する手はとらなかった。逆に、顧客への手厚いサービスに力を入れるという正反対の施策を打った。顧客サービスに注力することで、「お客さんの満足度を上げる」。お客さんの満足度が上がれば、お客さんは、次の機会にも乗ってくれる。つまり、リピート客になる。もしかすると、知り合いの人に「SASには満足した」ということを伝えてくれるかもしれない。

お客さんの満足度を上げると、その後こうしたいろいろなメリットが生まれるのは予想できることだ。だが、お客さんの満足度を上げるために、具体的に、どのような方策があるのか。

SASの機内サービスあるいは地上サービスを、一流ホテルやレストランのようなサービスにアップさせる。機内食の中身を改善して、有名ホテルのシェフの名前が入ったお弁当などにするのも良いかもしれない。お客さんへの丁寧なサービスを勉強するのに、ホテル関係者に研修講師になってもらうというのは、最近、トヨタ自動車が「レクサス」ブランドを日本で浸透させるためにやったことだ。

もちろん、お客さんに向けて丁寧できめの細かいサービスの提供をするために改善策を打っていくのは大切なことだ。実際、ヤン・カールソンも、以下に述べる大胆な施策と共に、「マティーニにチェリーを入れる」サービスプログラムも導入している。

だが、彼の目論見は、直接乗客に働きかける顧客接点でのサービスだけではなく、業務の根本的な改革であった。

†顧客を絞って価値を知る

まず、顧客層を絞った。可能なすべての顧客に対して満足度を上げることは難しい。ある人にとって価値あることが、別の人には価値がないことはよくあることだ。そこで、SASとして狙う顧客を、ビジネス旅客に定めた。ビジネス旅客は、この市場で唯一の安定した客層だというのは、航空業界一般の理解である。そして、頻繁に旅行するビジネス旅客から「世界最高の航空会社」という評判をとりたいと考えた。

ビジネス旅客は、他の旅客にはない要望をもっているはずなので、それに応えるサービスを提供すれば、彼らを引きつけることができる。彼らの要望とは何か。時間、正確な時間である。ビジネス旅客は、たんに目的地に到着すればよい、というわけではない。ビジネス旅客には、到着先で会議や商談が待っているはず。それに間に合うことが肝心だ。もちろん、航空運賃も大事だし、航路も大事。しかし、一番大事なのは正確な時間なのである。

筆者もよく、飛行機を利用して東京大阪を往復する。東京での会議に間に合うよう、伊丹から飛行機に乗る。ところが、どういうわけか定刻になっても出発しない。一五分ほど遅れて出発する。それで、到着が遅れ会議に間に合わない。こうしたことが時々起こる。こんな経験を積むと、ビジネス旅客は飛行機を利用しなくなる。少々時間がかかっても、正確な運行を誇る新幹線を利用する。繰り返しになるが、ビジネス旅客にとっての価値は、飛行機に乗ることではなく、たんに希望地に到着することでもなく、予定通りに希望地に到着することなのだ。

SASは、予定通り発着するというこの価値を提供することにした。ヤン・カールソンが社長になった当時、SASは赤字続きで、リストラ策が要請されていた。だが、カールソンは、リストラ策と共に、この「総合的な時間厳守キャンペーン」という投資案も同時に取締役会に提案し、そしてそれが評価されて社長に指名されたのである。

†時間厳守キャンペーン

時間厳守キャンペーンを中心としたビジネス旅客向けの手厚いサービスとして、まず第一に、ビジネス旅客用に新しいクラスを設けた。エコノミーの普通運賃でサービスの中身を向上させた「ユーロクラス」がそれだ。ユーロクラスは、機内に移動式の仕切りを設置して、エコノミークラスと分離した。ターミナルには、電話とテレックスを備えた快適なユーロクラスラウンジを設置。また、それまで一〇分かかっていたチェックイン手続きも六分以内に短縮させた。

第二に、ビジネス旅客は、最後に搭乗して最初に降機したい人種である。そのサービスを提供した。ユーロクラスを設置したのも、3P機（Passenger-Pleasing Plane）を導入したのも、そのためである。3P機は、機内手荷物のための広い収納スペース（大きい荷物をもって入ることができる）をもち、機内および降機時の移動を容易にする広い二本通路と広いドア（出入りがしやすい）をもつ。加えて、三人席はなく、騒音も低くなるようにした。ビジネス旅客が気持ち良く出入りするためによく考えられた機内設計である。

第三に、都市間直行便を導入した。そのために、導入したばかりのエアバス（二四〇席）に代えて、DC9（一一〇席）を再起用した。ビジネス旅客が望む旅程は、乗り継ぎではなく直行便だというのは明らかだ。だが、主要機の交替は、「工場を新設して、その落成式の日に社長が閉鎖を命ずるようなものではないか」と言われるほどに、ショッキングなものであったようだ（『真実の瞬間』）。そうした犠牲を払っても、ビジネス旅客を誘致する競争力を維持するには、ノンストップ便を頻繁に運行しなければならないと考えた。そうした、いわば多頻度小ロットの運搬スケジュールには、少頻度大ロットを志向したエアバス運搬は不向きであった。

こうして、SASはビジネス旅客のための航空会社として業務を整備していった。もし、同社が、「観光航空会社」を目標にしていたらどうだっただろう。おそらく一八〇度異なった戦略が採用されたはずだ。エアバスを主力に、大量の観光客を一度に運搬する。ノンストップ便もなし。新型大型機を導入して減便、観光客の誘致……、といった施策がとられるだろう。それは、ビジネス旅客向けのビジネスとは対極にあるものだ。

最後に、キャンペーンを進める中で、それぞれの部署がそれぞれに時間厳守を遵守したが、定時運行に関して責任をもつ担当者はいなかった。そこで、運行管理室を責任者として、「SASを、ヨーロッパでもっとも時間の正確な航空会社にしたい。それも、六カ月以内に」というミッションを与えた。運行管理室は、責任ある単位として、そのミッションに取り組んだ。ふつう、旅行客は、時間の正確さを到着時刻ではなく出発時刻で判断するので、出発時刻に焦点を絞った。そのための取り組みを開始した。

まず、乗り継ぎ便が遅延しても、それを待たない。何かの事情で乗務員が遅れることがあるが、規定の最小乗務員数を割らないかぎり定刻どおりに出発する。機内食の準備が整わず、全員に行きわたらないことがわかっていても出発する。コンソリデーションの廃止に取り組む。コンソリデーションとは、座席利用率が五〇％以下だとそのフライトは欠航して、その便の乗客は次便に回ってもらうという制度だ。その制度を止める。

こうした取り組みの中で、乗り継ぎ便の乗客、食事サービスを受けられなかった乗客など、サービスできない乗客が出てくる。彼らには、到着後速やかに目的地行きの便を確保するとか、お食事券をわたしたりするなど、後で適切なサービスのフォローをする。

そうした試みはうまくいき、さらに新しい目標として、一〇〇％時間厳守を打ち出すまでに進んだ。そうなると、地上サービス部門や整備部門も、それに注意を集中するようになった。

3 学びたいこと

†業界発想から、生活者発想への転換

アートの成功も、SASの成功も、一にかかって、業界（生産）発想から抜け出し、生活者・顧客発想に切り替えたこと、ここにある。アートでは、引越のサービスパックを作り、運

送業の際にはなかった丁寧な家財の扱い／明確な料金体系／顧客に対する気遣いといった価値を事業の基軸に置いた。そして、需要の波が激しい引越サービスに対応するために積極的に生活者へのコミュニケーションを図り、引越業固有の技術の開発にも注力した。こうして、片手間にやる運送業の引越サービスと差別化していった。

SASも、従来の技術志向が強かった業界発想を抜け出し顧客発想に切り替えた。それまでの航空業界が、運送業者として事業を考え、どちらかというと技術改良や効率改善を志向する発想だったのに対し、企業の真の財産は、高度な技術をもつ航空機ではなく、「満足してくれた顧客」と「顧客サービスに向けて意欲溢れる従業員」だというサービス業としての認識への切り替えを図った。

†STPのステップ

両社に共通するのは、顧客全般ではなく顧客層を細分化し、自分が向き合う相手となる層を定め（ターゲティング）、その顧客層にとって価値あるサービスの提供を打ち出し、それぞれの業界で他と差別化された地位を獲得したことである（ポジショニング）。そのやり方は、STP（Segmentation/Targeting/Positioning）と呼ばれる手法として整理できる。

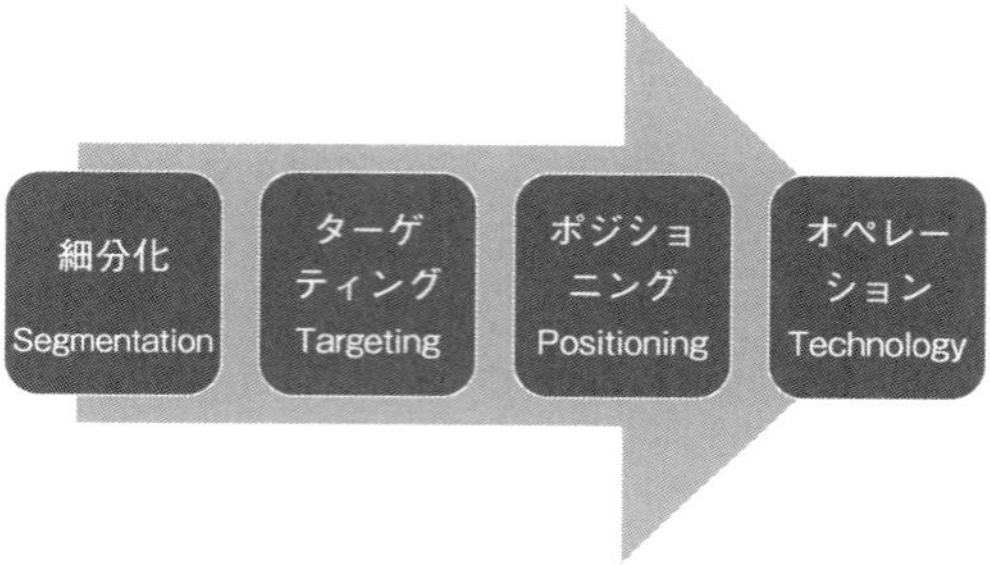

STPTの枠組み

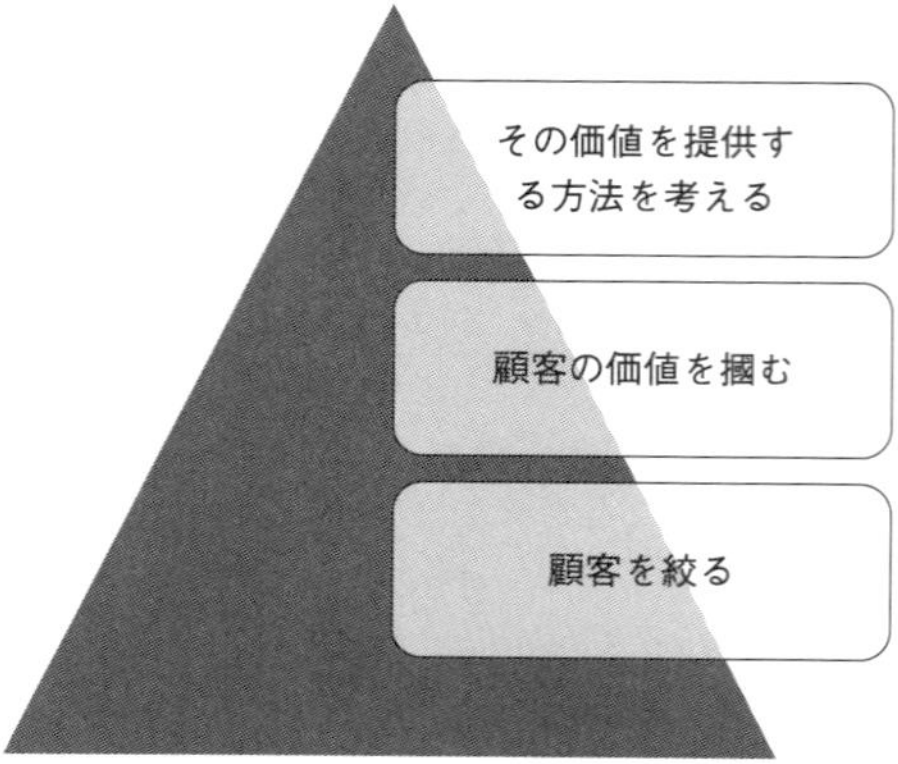

誰に、何を、どのように

†「誰に、何を、どのように」

だが、学んだばかりのＳＴＰの概念に、もう一つの要素をつけ加えなければならない。それはオペレーション（ないしは技術）である。全体図は、前頁の上図に示される。

アートは、寺田運輸にやってくるさまざまな顧客を層に分け、その中の引越ニーズをもつ顧客に向けて専念することにした。そして、主婦のための引越という切り口で、運送業にはない引越サービスのオペレーションを整えていった。

ＳＡＳは、自社の航空便を利用する顧客を層に分け、その中のビジネス旅客層のニーズに応えることにした。そして、時間を厳守する航空会社という切り口で、航空サービスのオペレーションを整えていった。

細分化とターゲティングとを顧客層の選択としてまとめて理解すると、「誰に向けて、どういう価値を、どういうオペレーションあるいは技術で提供するのか」という形で整理できる。前頁の下図の形で示すことができる。

この図は、事業を展開する上で、欠かすことができない考慮点を示す枠組みである。誰もがわかる枠組みだが、ついそのことを忘れてしまう。次章でこの問題を考えよう。

第3章

顧客関係の深化に向けて事業を再定義する

市場をいくつかの顧客層に分類し、そこから向き合うべき顧客層を絞り、その顧客層に合った価値を提供し、それに合わせてオペレーションを組織する。顧客層／価値／オペレーション（技術）の三要素の首尾一貫した統合は重要だ。本章では、パナソニックのモバイルPC、レッツノート事業が、そうした方法でもってみずからの事業を再定義し、その後、顧客との緊密な関係を確立していったプロセスを明らかにしたい。

1　PC競争事情

筆者が日頃、もち歩いているパーソナル・コンピュータ（PC）はこのレッツノートだ。何より、軽いのが一番良い。ただ軽いだけのPCなら他にもあるが、それらは、小さすぎて打ちにくいとか、ソフトの使い勝手がよくないとか足りない点もそれなりに多い。ふつうのPCの機能と同じ程度の使いやすさがあって、しかも軽くて頑丈だから、PCをもって歩くことが多い研究者には絶大な人気がある。

そのレッツノートがPC業界で存在感を現し始めたのは二〇〇五年前後である。簡単に、その当時の業界事情を見ておこう。PCは、一九九九年に世界で年間生産台数一億台を超え、二〇〇六年には二億台に迫った。成長も早かった。二〇〇六年度で出荷金額は一五〇〇億ドルを軽く超え、二〇兆円に迫るものとなっている。

この巨大市場で、トップシェアはデル社。PCは、デスクトップ、ノートブック、そしてモバイルの三つのカテゴリに分けられるが、デル社はそれぞれのカテゴリでリーダーで、各カテゴリで一五%前後のシェアをとっている。それに対抗する二番手はヒューレット・パッカード(HP)社。HP社も、ほぼ同じ程度のシェアを各カテゴリでとっている。世界は、この二強の競争が続いている。

†低いPCメーカーの収益性

しかし、トップシェアのデル社でさえ、売上高利益率は八・五%程度。それほど高くはない。その理由は、PCは組み立て製品であり、しかもそのモジュール(部材)を組み立てることで製品として完成させることができるという点にある。しかも、その部材は誰にでも簡単に手に入る状況になっている。その分だけ、儲けは少なくなるのは世の常だ。

もう一つの理由として、小売流通部門が強いこともある。ＰＣメーカーのほとんどは、量販チェーンを通して製品を販売する。日本でも同じで、ＰＣを販売するヨドバシカメラやヤマダ電機などの量販チェーンや大型家電店が充実している。その店頭にいくと、ところ狭しと各社のＰＣが並ぶ。

「売れ筋ＰＣは、＊＊メーカーのこの商品」という売れ筋ランキングを示したポップが店頭に張り出される。各メーカーのＰＣは例外なく、品質・機能・価格を、競合メーカーＰＣと比較される。その競合に勝たないと、店頭に製品を並べることすらできないので、各社必死に性能・機能アップのための製品改良努力を続ける。お互いに急かされるように新製品導入を試みる。

メーカーの立場は弱い。流通業者の手の中で、常に他メーカーと競わされるからだ。他メーカーに先駆け、他メーカーより店頭をより広くとることで、売上げは大きく変化する。それを求めて、流通業者向け販促費を競って提供する。稼ぐべき利益は、その販促費に消える。一社、デルだけは、みずからの流通網をもつことで、この流通の荒波を被らない。それを真似するライバル企業は少なくないが、その仕組みづくりは簡単ではない。

市場規模は急速に拡大しているが、こうした事情の下、ＰＣ組み立てメーカーの生き残りは容易ではない。他社との差別化が難しい技術の構造、流通を舞台とするメーカー間の激烈な競争。そうした状況下で、ＰＣメーカーの多くはその存続の道を模索しているというのが現状だ。

2　パナソニックのＰＣ事業

†紆余曲折する松下電器（現パナソニック）のＰＣ事業

パナソニックは、こうした競争下において苦戦を続けてきた。世界はもちろん日本国内でもなかなかシェアを伸ばすことはできてはいない。その流れを簡単に見ておこう。

一九六四年に、当時の松下幸之助会長の判断でコンピュータ事業から撤退したが、その後、一九七九年にオフィスコンピュータ事業に再参入する。八〇年代には独自仕様のＰＣを発売し、九三年にはＩＢＭ互換機を発売した。そして、九四年六月には、家電メーカーらしくテレビとＰＣを融合した新コンセプトのＰＣ〝ＷＯＯＤＹ（ウッディー）〟を満を持して発売するに至るが、この商品は市場で受け入れられなかった。

そこで再構築を図り、九七年四月に、松下電器のＰＣ関連事業を統合してパナソニックコンピュータカンパニーを発足させた。九八年三月期当時の売上高は五〇〇億円、社員は一五〇人という松下電器にしては小さい事業部であった。その中核ブランドがレッツノートであった。

さて、レッツノートだが、このブランドは新事業部が誕生する二年前の一九九六年に誕生している。開発に際しては、小型軽量にこだわったのが功を奏し、専門誌の表紙を飾り、外出先でもPCを使いたいというPCマニアには支持されたという。その後も、ファンの声を重視し、カメラやPHSを内蔵するなどユニークな製品を発売した。一九九九年時点で約一七万台の生産計画をもち、B5サイズの小型ノートPC市場で、当時競合する一〇社を相手に三〇％近いシェアを獲得した。

もっともその当時、ライバルのソニーは、九七年にデスクトップからノートPCまで幅広い品揃えで参入し、九九年四月期では、国内外で九〇万台の出荷を見込んでいたことを思えば、かなり見劣りする生産量ではあった。しかも悪いことに、当時はPCユーザーの大きい転換があったと言われた時代であった。つまり、それまでのPCのメインユーザーは、仕事用にPCを使うビジネスマンであった。しかし、その頃から、インターネットを使いたい、音楽や映像も見たいという生活者が購入層の中心になった。ソニーが一気に売上げとシェアを拡大させたのは、その流れに対応したものである。一方、パナソニックはビジネスユースに焦点を絞ったために、この流れに乗れなかった。

そこでパナソニックも、大きく方向転換する。二〇〇一年に中核ブランドであるレッツノートの開発を中断。ＡＶ重視のＰＣの専門部隊を設立し、「ｈｉｔｏ」という新ブランドで、総合ＡＶメーカーらしくその資源を生かしてＰＣ事業を拡大しようと考えた。だが、その試みは実らなかった。ここに至って、ＰＣ事業からの撤退か、それとも存続かの岐路に立たされることになった。

3　事業の再定義

パナソニックは存続の道を選んだ。そして、レッツノート・ブランドを復活させる決断をした。モバイル分野で評価を得たレッツノートの原点に立ち返り、「軽さとバッテリーの駆動時間に開発の焦点を絞る」こととなった。パナソニックが選んだやり方は、狭いニッチ市場を狙うやり方であった。そして、事業の組み立て方に独特の工夫を凝らした。その特徴は三点ある。

†生産拠点を日本に置く

パナソニックの生産様式と商品構成は、リーダー企業のそれとはまったく異なっている。業界リーダー企業はいずれも、中国に生産拠点を置いている。開発方式も、デルとＨＰはＯＤＭ方式（スペックやデザインを企画して、生産だけを任す方式）が主体。東芝や日立、ＮＥＣや富士通も、基本は変わらない。それに対してパナソニックは、生産拠点を日本に置き、開発も九〇％以上、日本の大阪・守口市で行うようにした。

商品を絞る

他社は、デスクトップからモバイルまで幅広い商品構成を狙っている。世界のトップ企業ばかりでなく、日本のリーダー各社も、同じように広い品揃えをとっている。パナソニックは、それに対して、モバイルと衝撃に耐えることができる堅牢タイプＰＣに特化した。モバイルはレッツノート、堅牢ＰＣはタフブックのブランドのみ。このうち、堅牢ＰＣでは、その市場規模は世界で四〇万台程度と小さいが、今のところシェアは世界ナンバーワンである。

顧客を絞る

タフブックの顧客は、警察、政府、電力、自動車業界に絞った。オフィスのＩＴ化はすでに一巡しているが、「屋外の現場でのＩＴ化は始まったばかり」という理解を事業部はもった。タフブックは、限られた狭い範囲のターゲットであるが、浸透し始めた。たとえば、アメリカのパトカーでのタフブックのシェアは六割を超え、アメリカのある電話会社のすべてのサービスカーに入っている。電話業界については、ワールドワイドの活躍を目指しており、現在、アメリカ、イギリス、ドイツ、フランス、日本といった各国の電話会社のサービスカーにタフブックは装備されている。

問題は、日本市場でのビジネス・モバイルの動向である。パナソニックは、レッツノートの向かうべき顧客層を、保険業界、製薬業界、大学、さらに医療業界や病院関係などの法人需要に絞った。

4 差別的優位性の確保

パナソニックPC事業は、小さい池の大きい魚になろうと考えた。こうした戦略が採用された背景には、第一に、トップメーカーと大きいシェアの差があるため対等に戦うのは難しいという事情、第二に、幅広く市場に対応する試みをすでに「ｈｉｔｏ」ブランドで行い失敗していたという事情があった。

もっとも、ニッチ市場を狙うからといって、他のメーカーがそれを見逃してくれるわけではない。成功すれば、他メーカーがこぞって参入してくるのは目に見えている。それを考えると、この戦略において他社が参入できない差別化の工夫が必要になる。

ビジネス・モバイルの第一弾として、新生レッツノートR１シリーズが発売されたのは、二〇〇二年。それは一〇・四型液晶画面を搭載し、重さは九六〇グラムで世界最軽量、そしてバッテリー駆動時間六時間を実現したものであった。はっきりと目に見える商品の差別化だった。だが、その商品の中身には、目に見えないもっと重要ないくつかの工夫が潜んでいた。

†アナログ技術の重視

第一の工夫は、デジタル商品であるにもかかわらず、アナログ技術を重視したことである。アンテナ、セキュリティ、軽量化、省電力、放熱化、防水、あるいは高輝度などといった技術は、ＰＣの周辺的な技術である。パナソニックは、それらの周辺技術こそが大事で、他メーカーとの差別化の源泉になると考えた。

これらの技術に関しては、多くは日本の地場の部品メーカーと目標を決めての共同開発を試みた。地場メーカーは、業界全体が生産拠点を中国にシフトする中で、日本に残った貴重な技術集積である。それらの企業の技術やスキルもまた、業界標準からはみ出たものとなっていたのであるが、それら国内の技術やスキルを差別化の源泉にしようとしたのである。

こうした技術やスキルを取り込むやり方は、ＰＣ業界の標準的なやり方とは違っている。業界標準のやり方とは、生産の中抜きスタイルだ。ＰＣメーカーは、メーカーと言っても、企画・開発とマーケティングだけをやる。このやり方には二つのメリットがある。

第一は、低い固定費用で事業経営ができるので、投資収益率が高くなること。第二に、売れるか売れないかの市場リスクを部品メーカーと分担し合えることである。生産下請けメーカーも大規模になると、市場需要の大きい変動（思った以上の速さで需要が大きくなるとか、急に売れ行きが鈍化し始めたとか）に対応できる仕組みをもっているので、下請けメーカーと組むことのメリットは大きい。

しかし、パナソニックのやり方は違う。内部で企画・設計を行い、それに適合した部品を調達する。市場で調達できないのであれば、部品メーカーと共同開発を行う。共同開発だから、パナソニックの要求だけが通るわけではない。部品メーカーと目標を設定して、部品メーカーが作りやすいようにパナソニック側の設計を変えたりしなければならない。

PC業界の標準的な開発方式が「モジュラー組み立て型」とすると、これは、いわゆる「部品すり合わせ型開発」である。すでにある部品を組み立てて終わりというのではなく、一つひとつの部品間の関係を見ながら相互にすり合わせて、もって全体としての製品の完成度を高めようというやり方だ。

†ターゲットのニーズに合った完成度の高い商品づくり

第二の工夫として、商品開発の焦点を絞り、汎用性は乏しくとも狙ったターゲットのニーズにピッタリ合った完成度の高い商品づくりを目指した。狙ったターゲットは法人、それも営業担当である。カギとなる機能は、長時間駆動と軽量化。顧客の要望の第一は、とにかく軽いPC。そのことはどのメーカーも理解していた。しかし、「軽量化した部品を積み上げても、一キログラムを切ることはない」というのも、また事実であった。そこで、軽さに焦点を絞ることにし、そのために「薄さ」という機能は捨てた。当時、各社二〇ミリメートルを切るような薄さのPCで競っていたのだが、初代の一〇・四インチのR1モデルは、一番厚みがある部分で三七・八ミリメートルもあった。

できあがった製品は、全体としてのバランスが良いとは言えなかった。それまでの商品は、技術的にはきわめて良いバランスをもっていたが、このレッツノートはそうではなかった。拡張性が悪いとか、小さくて見にくいという不満があがってきた。しかし、それでも軽くて長時間バッテリーがもつという点で評価してくれる顧客が存在していた。外回りの営業の人にとっては、まずもって軽さが大事だったのだ。

軽量・長時間駆動モデルを作ると、顧客の方から、「松下やったら、できるん違うか」という形で意見や要望が次々に入ってきた。営業マンがレッツノートを太陽光の下で使うときもあるので高輝度性が必要だとか、落としても大丈夫な頑丈さが欲しいとか、現場では何より通信性能が大事だとか……。営業マンのために会社が支給するPCということで重要な要求が、パナソニックへと届きだした。

軽量化については、薄型マグネシウム合金ボディを使うと同時に、液晶画面の薄型化を図った。軽量化と頑丈さ（タフさ）とは互いに矛盾する。そのため、マグネシウム合金を使い、基盤にストレスがかからないようなボディ構造に変えた。頑丈さについては、加圧に加え、振動・落下にも強くし、実際に落下実験も行った。長時間電池駆動についても、高容量バッテリーの開発や、低消費電力の液晶バックライトシステムなどの省電力設計を図った。屋外使用のために、高輝度性や防水性も必要だ。輝度を上げる技術が高くなれば、同じ輝度をより少ない消費電力で得ることができるようにもなる。防水性については、土砂降りの雨の中でも外で使えるくらいのレベルに達している。アンテナ技術の改良も内部で進め、一〇〇メートル離れても通信ができる。セキュリティに関しては、指紋認証、スマートカード、ＰＰＭ、セキュリティバイオなどを用意した。

†顧客との継続した関係

最後の工夫は、販売にあった。先に述べたように、顧客を法人の営業部隊に絞った。ＰＣ業界は技術が標準化されているため、どれだけ大量生産、大量販売ができるかが競争上の生命線であった。それだけに、量販店を通じた大量販売や、流通コストを削減するためにネットを通じた販売が必要となると考えられていた。

パナソニックは、そうした不特定多数の生活者相手の大量販売マーケティングをやめ、顧客を顔の見える法人に絞った。顔の見える法人相手に企画・設計を行い、商品を供給し、保守運用する。そのサイクルの中で、彼らの新たなニーズを取り込んで、また、再企画・設計して市場に再導入する。顧客の満足を高めるこうした連続サイクルを作って、法人顧客からのリピート購入あるいは買換購入を得ようと考えたのだ。通常のPCの売り方がそうであるように「売って終わり」の関係とはせず、「売ったときが関係の始まり」という顧客との関係性を重視したやり方を採用した。

販売後の継続的な関係を維持するために、いくつかのユニークな活動が試みられている。その一つは、PCコンファレンスの開催である。法人顧客四〇〜五〇社を相手に、コンファレンスを開催する。新しい情報を説明したりするだけでなく、四〜五社ずつグループになってもらって、パナソニックの工場、営業、技術、サービス担当者を含めて会議を行う。PCの日頃の使用経験や問題などが主に話し合われる。海外では、PCカレッジを開いている。アメリカでは、一回あたり約二〇社程度を集めて行うアドバイス会議や、一回一〇社程度で二〜三カ月に一度行うCSパトロール、また、アメリカの六業界を相手にした業界会合（Vertical Meeting）を開催する。それ以外にも、CRM定例会、タッチ&トライキャンペーンなどが試みられている。

こうした活動の成果として、二〇〇七年度のIDC調査で満足度一位、『日経ビジネス』のPCアフターサービス調査で満足度二位（電話・メールでの対応、店頭・窓口での対応、修理技術、修理スピードが評価項目）になった。

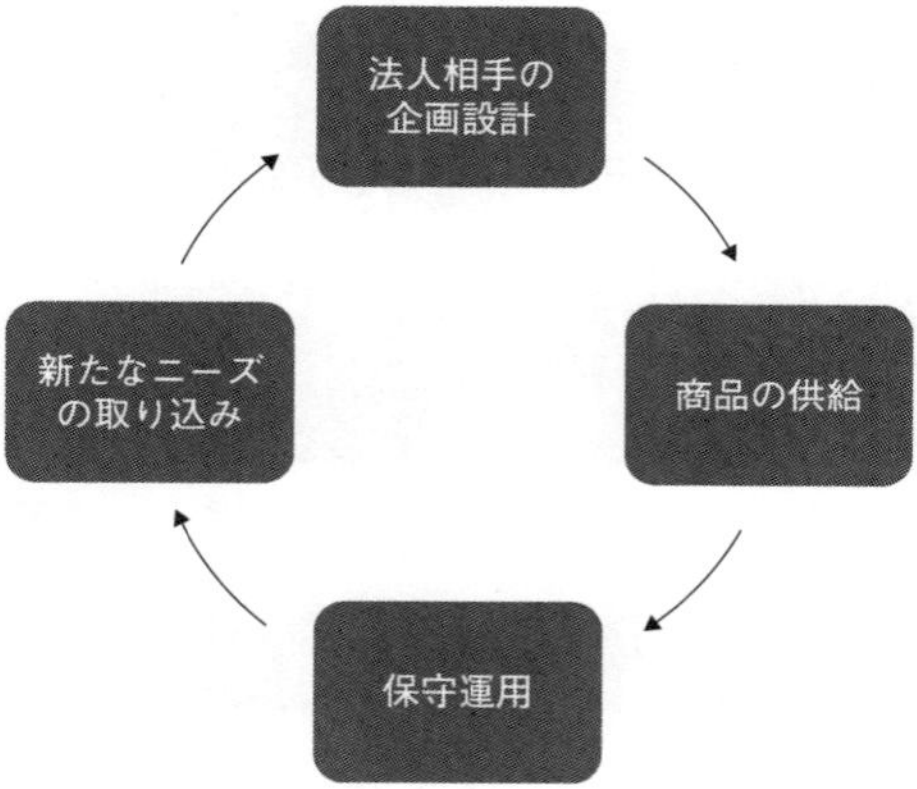

循環する顧客関係

5 学びたいこと

レッツノートは、PCという大量生産・大量販売の体制が確立した業界において、顧客層を法人需要の屋外使用モバイルのユーザーに絞った。彼らのニーズは軽さと長時間駆動にあると考え、開発焦点もそこに絞った。そのために、これまで軽視されてきたアナログ技術を取り込み、技術間の慎重なすり合わせをする中で、製品完成度を高めた。加えて、顧客とは、「買って頂いてから、関係がスタートする」という売

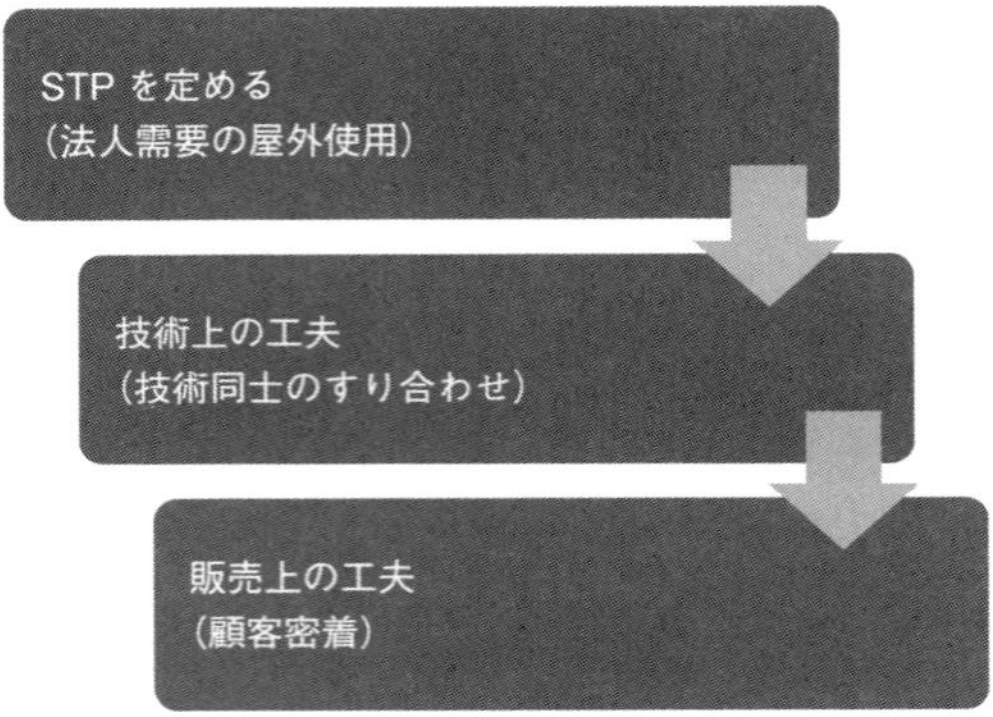

買を超えた関係を作ることに注力した。その展開を流れで表すと、上のように図式化できる。

ＰＣ業界は、不特定多数の生活者相手のマーケティングが支配的で、それ以外のやり方（ビジネスモデル）の可能性はもはやないのではないか、と考えられていた業界である。レッツノートは、そうした業界において、新しく顧客関係を掘り起こし、彼らと分厚い関係づくりを図り、それを事業成長の手がかりとするものであった。

このケースを通じて、

（1）これまで述べてきた、ＳＴＰの手法ないしは「顧客層を限定して、価値を鮮明にし、それに応える技術を備えること」の大切さが確認できること、

（2）小さな池であっても、そこで評価を獲得することの対価は小さくはないこと（レッツノートのポジショニングは、法人営業だけでなく、同じようなニーズをもつ筆者のような

研究者にもしっかりと伝わった)、

(3) 大量生産・大量販売が支配的な業界においても、なお地道な顧客関係の構築というやり方が可能な場合があること、

こうしたことをレッツノート・マーケティングは教えてくれている。

第4章 ポジショニングを先行させる

生活者志向は、STPないしは「誰に、何を、どのように」の手法の下に、具現化される。しかし、常に〈S〉、つまり市場分析や細分化が最初にくるわけではない。生活者に向けて、どのような切り口で入っていくのかという〈P〉、つまりポジショニングからスタートするケースもある。伊藤園の緑茶飲料への取り組みがそれだ。

1 緑茶飲料市場の成長

茶葉および飲料の製造・販売を事業とする株式会社伊藤園（以下、伊藤園と表記）は、日本の茶系飲料の歴史を切り拓いてきた企業である。とくに、一九八九年から同社が発売している「お〜いお茶」は、二〇〇九年一月末で累計販売量一五〇億本（五〇〇ミリリットル容器換算）を超えた。伊藤園のトップブランドであるだけでなく、大手飲料メーカーのブランドがひしめく緑茶飲料市場において、四〇%という圧倒的なシェアを誇る。

その緑茶飲料市場は、ここ一〇年ほどの間に大きい成長を遂げた。一九九〇年には、ジュースや健康飲料などを含む清涼飲料市場全体の〇・五%を占めるにすぎなかったが、二〇〇一年にはウーロン茶飲料を追い抜き、二〇〇三年以降は清涼飲料市場全体の一〇%を超える規模にまで成長した。

売上げベースで市場規模を見てみると、一九九三年には五七一億円であったものが、一九九七年に一一三三億円、生茶がブームを引き起こし「第一次緑茶戦争」と呼ばれた二〇〇〇年には二一七一億円の規模に成長し、さらに二〇〇四年のサントリーの伊右衛門のヒットをきっかけとした「第二次緑茶戦争」を経た二〇〇五年には四四七〇億円規模へと躍進した。次頁にその成長ぶりを表す図表を示しておこう。

今日、われわれはコンビニやスーパーでペットボトルに入った緑茶飲料を購入し、それを携帯して仕事の合間や食事の時間に飲むのを当たり前のように感じている。あるいは自宅の冷蔵庫には二リットルのペットボトル入りの緑茶が入っていて、急須で茶葉から緑茶をいれる代わりにそれを飲んでいる。ところが緑茶飲料が市場に登場した一九八〇年代はまったく様相が異なっていた。

その時代のことはもう忘れているかもしれないが、「缶やペットボトルに入ったお茶を買う

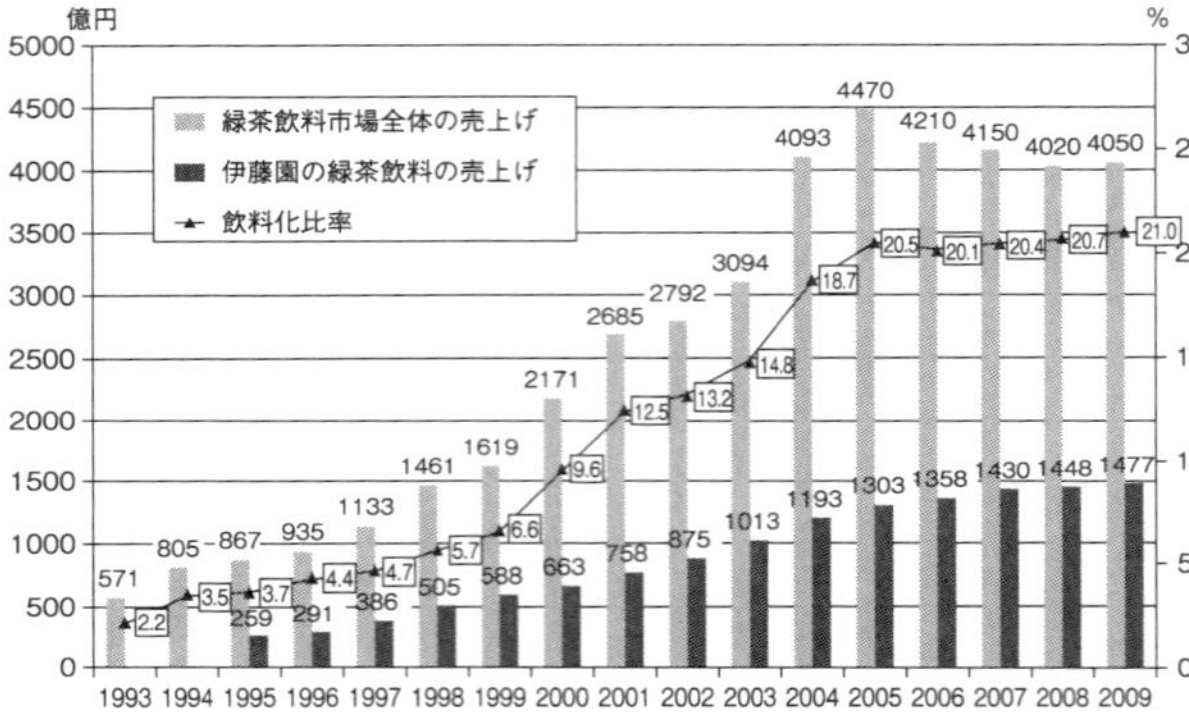

(出典：伊藤園資料を基に筆者作成)

緑茶飲料の市場規模と飲料化比率の推移

のはもったいない」とか、「お茶は、茶葉からいれるのが一番」と思っていた時代である。そのような時代背景にあって、日本で緑茶飲料を最初に商業ベースで市場に出した企業が伊藤園であった。ここで当時の状況を大まかに振り返ってみたい。

†日本で初めての緑茶飲料の開発

伊藤園が日本で初めて商業ベースの緑茶飲料として、缶入りの「煎茶」を発売したのは、一九八五年のことである。伊藤園は、缶の胴体にフタをはめ込む瞬間に内部に窒素を噴射し酸素を取り除く「T・Nブロー技術」の開発と茶葉のブレンドを工夫することによって、緑茶の飲料化に伴う問題を克服することに成功した。

しかし、約一〇年の開発期間を経て発売された缶入り「煎茶」に対して、市場の反応は鈍かった。

当時は、緑茶飲料に限らず、甘くない茶系飲料が売れることにすら懐疑的な意見も多かった。しかも、「煎茶」という商品名は思ったほど馴染みがなかった。

そこで一九八九年に、当時テレビコマーシャルで使っていたセリフ、「お〜いお茶」に商品名を変更した。名前を変えてようやく、売れ始めた。抗菌効果やビタミンCが多く含まれるという特徴をもつ緑茶飲料に対して、生活者が関心をもち始めたとも言われた。健康や美容への関心が次第に高まっていたのだろう。

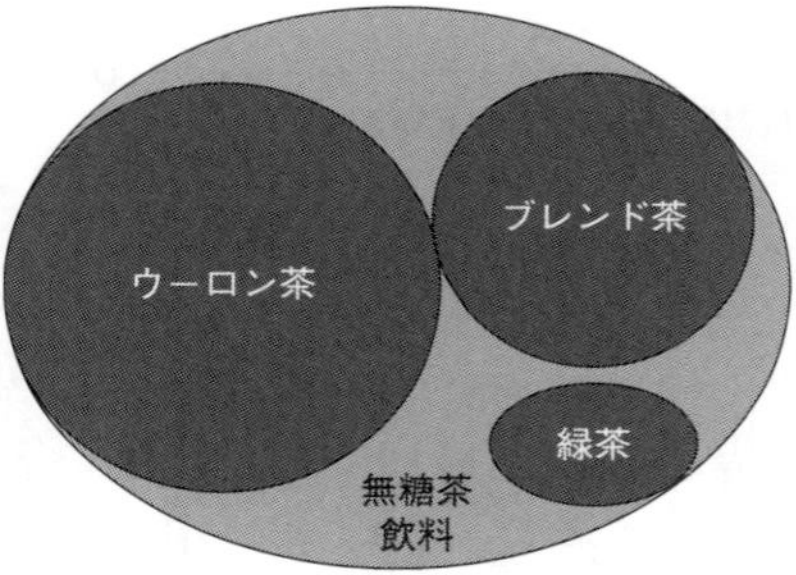

無糖茶飲料の構成

伊藤園では、翌一九九〇年に初めてペットボトル入りの「お〜いお茶」（一・五リットル）を発売した。ただし当時、健康志向に後押しされて成長を続ける茶系飲料で圧倒的なシェアを誇っていたのは、一九八〇年代から市場を拡大してきたウーロン茶飲料であった。また一九九三年にアサヒ飲料「十六茶」やコカ・コーラ「爽健美茶」のヒットをきっかけに形成された「ブレンド茶（混合茶）」という新しい茶系カテゴリも急速に売上げを拡大しており、先行していた緑茶飲料よりも市場での構成比は大きかった。そのような状況下で、緑茶飲料が今日のように、茶系飲料で最大

$$\text{飲料化比率}=\frac{\text{飲料容量(kl)}}{\text{飲料容量(kl)}+\text{茶葉容量換算(kl)}}\times 100$$

のシェアを占めることになる兆候は、未だ見えていなかった。

2 飲料化比率のコンセプトとセオリー

†セオリーが生まれた経緯

緑茶飲料は、無糖茶飲料ではまだ三番手の位置にいたのだが、その時代にあっても伊藤園は緑茶飲料市場の成長を信じていた。というのは、緑茶飲料の成長可能性を示唆する「飲料化比率」のコンセプトとセオリーをもち始めていたからである。

「飲料化比率」とは、緑茶の全消費量のうち、缶やペットボトルなどに入った緑茶飲料として消費される量の構成比を表す指標で、上記のような式で表される。

つまり、飲料化比率とは、缶やペットボトルの形で飲用された容量と茶葉でいれて飲用された推定容量との合計に占める、缶・ペットボトル飲料容量の比で示される。

その値は、一九九六年当時、四％程度であったとされる。茶葉が飲用される全量のうち、四％しか缶やペットボトル飲料にはなっていないということである。この比率は、コーヒーや紅茶の一〇分の一にすぎなかった。その現実はつまり、茶葉も含めた緑茶全体の市場は巨大であり、茶葉を用いて急須でいれて飲む緑茶需要を取り込むことで、緑茶飲料がまだまだ成長する余地があることを示している。

そうした考えの背景にあるセオリーは、次のようなものだった。当時、同社で「緑茶、ウーロン茶、紅茶、コーヒーという四種類の飲み物がそれぞれどの程度飲まれているのか」と、市場規模を調べていたときのことである。消費量でみると一番飲まれているのは緑茶。次いで、コーヒー、ウーロン茶、紅茶。ところが金額で算出すると、市場規模はコーヒーが緑茶を圧倒的に上回っていた。

この逆転の理由はどこから来るのか。原料のコーヒー豆が緑茶の茶葉よりも高いのか、と言えばそうではない。一〇〇グラムあたり、コーヒー豆の価格がおよそ三〇〇~五〇〇円であるのに対し、茶葉はおよそ六〇〇~一〇〇〇円であり、原料単価は緑茶の方がはるかに高い。消費量も多く原料単価も高い緑茶よりも、なぜコーヒーの市場規模が大きいのか。

そのときに気がついた。コーヒー市場一兆四〇〇〇億円あまりの売上高の三分の二の約九〇〇〇億円は、缶コーヒーとして消費されているという事実を！　つまり、レギュラーコーヒーで飲むのか、缶などの飲料で飲むのかという比率の問題が、付加価値を計る上で重要だということに気がついた。したがって、緑茶で言えば、消費量のうち茶葉ではなく、缶飲料やペットボトル飲料の占める割合が大きくなるほど市場は拡大することになる。

†飲料化比率のセオリー

このコンセプトを基に、伊藤園は、
（1） 飲料化比率は、市場規模と連動していること、
（2） 緑茶飲料の飲料化比率は、他の茶系飲料と比べて非常に低いこと、
（3） したがって、緑茶飲料市場は、今後まだまだ大きく成長する余地があるということ、
を説得力をもって示すことができるようになった。

飲料化比率というコンセプトに着目したことにより、伊藤園は、漠然と思い描いていた緑茶飲料の将来性や成長性に対し、明確な像を描くことができるようになった。緑茶以外の飲料化比率と比較して、将来的に緑茶の飲料化比率は三〇%以上に達するという見通しをもつようになったのである。その根拠となるセオリーは次のようなものだ。

ウーロン茶の飲料化比率は五〇%前後、紅茶とコーヒーは約三〇%でほぼ安定している。これらの飲料化比率の違いは、「止渇性」と「嗜好性」という飲料の二つの性格の違いに起因していそうだ。喉が乾いたときや食事のときに飲まれることが多いウーロン茶飲料は、どちらかというと「止渇性」の強い飲料。それに対して、甘さや刺激が評価され、好き嫌いによって飲

まれることが多い紅茶とコーヒーは、「嗜好性」の強い飲料。緑茶はと言えば、止渇性飲料と嗜好性飲料の両方の性格をもっていると考えられ、したがって最終的に緑茶の飲料化比率は三〇～五〇％の範囲に達するのではないかと、予測された。

飲料化比率の伸びに比例して緑茶飲料の市場規模も大きくなるという伊藤園の予想は、結果として大いに当たっていた。実際の数値を見てみると、一九九六年には飲料化比率がわずか四・四％で九三五億円だった緑茶飲料市場は、飲料化比率が一〇％に近づいた二〇〇〇年には二一七一億円の市場。二〇％に近づいた二〇〇四年には四〇〇〇億円強の市場となっている（七四頁の図表参照）。つまり、飲料化比率が一〇％高まることが、結果として二〇〇〇億円の市場規模の伸びと対応しているのである。したがって、現状のようにコーヒーよりも緑茶が多く飲まれている状況が続き、緑茶の飲料化比率が三〇～四〇％に達するときには、緑茶飲料市場は六〇〇〇～八〇〇〇億円の規模に成長すると予測できる。

3 長期ビジョンに基づく事業展開

伊藤園では、飲料化比率のコンセプト&セオリーをもったお陰で、長期的な緑茶飲料市場のビジョンに基づく新たな戦略の策定が可能になった。その一つが、二〇〇一年にスタートした「茶産地育成事業」である。

†茶産地育成事業

茶農家は就農者の高齢化や後継者問題のため、就農人口、茶園面積共に減少傾向にあった。二〇〇七年の茶農家数は、一五年前と比較して半分以下にまで減少している。現在の茶葉の国内消費量一一万トンに対して、国産生産量は九万トンである。他社はその不足分を中国など海外から輸入した茶葉や抽出物でまかなっている。他方、伊藤園は「お～いお茶」の揺るぎないブランド力の支柱として、あくまで信頼できる「国産茶葉一〇〇%」にこだわりをもつ。加えて、伊藤園が取り扱う緑茶の量は、国内の荒茶生産量の約二割に上っており、国内での緑茶原料の安定調達と生産の効率化は、きわめて重要な課題であった。

そこで、二〇〇一年から伊藤園では、生産農家の育成のために国内外で大規模な茶産地育成事業に取り組んだ。伊藤園による茶産地育成事業では、スケールメリットを活かした大規模茶園経営と機械化による省力管理、生産・加工に対する伊藤園独自の生産技術の導入を行い、そして安定した単価での全量取引を行うという契約を結ぶことによって、生産者を支える。これらの支援体制のおかげで、新規造成した茶園面積のうち実に九割をお茶づくりの経験のない農業法人が経営をするという事態になっている。

茶産地育成は、一〇年単位の時間がかかる事業であるが、伊藤園では何年先にどれほどの茶葉を仕入れるのかまで見越して投資する。こうした取り組みの背景には、茶農家や茶園面積が共に減少傾向にあるのに対して、逆に、緑茶飲料の消費量は増加が見込まれており、供給と需要とのギャップは年々大きくなるという市場需要予測がある。そして緑茶飲料市場のさらなる成長見通しに裏付けを与えるものとして、ここでも緑茶飲料化比率が重要な役割を果たしているのである。

伊藤園の茶産地育成事業では、二〇〇七年までに九州四県六地区で三五〇ヘクタールを展開しており、二〇一四年までに全国で一〇〇〇ヘクタールまで広げる計画をもっている。また事業拡大に合わせ、担当部署の社員を増員し、用地や品種の選定から早期成園に向けた栽培技術、荒茶加工の独自技術やノウハウを伝達するなど、参画する生産者に対するサポート体制を整えている。

さらに、このような長期的なビジョンに基づいた、茶産地育成事業の成果は、安定的な茶葉の調達にプラスして、もう一つの競争優位性の確保につながる。それは、緑茶のトレーサビリティ（生産・流通における履歴）を確保できることである。一本一本のペットボトルに使われている茶葉の生産・流通履歴を完全にさかのぼることができる。たとえば、コンビニで、ある生活者が手にとった緑茶飲料が、どこの工場で作られ、四〇〇〜五〇〇の農家のどこで作られた茶葉を用いており、さらにその農家の用いた茶葉の作り方まで、履歴を特定できる。国産の原料にこだわり、香料や添加物を一切用いない伊藤園の「お〜いお茶」だからこそ、実現できる価値であり、他社には容易に真似できない強みとなる可能性がある。

†緑茶飲料への集中戦略

飲料化比率に注目したとき、全社戦略の方向も定まった。その戦略は、コカ・コーラやサントリーが目指している総合飲料メーカーの道とは異なる道だ。コカ・コーラやサントリーは、膨大な数の清涼飲料用自動販売機を抱える。他の清涼飲料メーカーは、その力に対抗するためには自社自販機を各所に設置しないといけない。全国に設置するとなると、膨大な投資が必要になる。それだけではない。自販機に並べるための多様な飲料を自社開発する必要がある。サントリーで言うと、烏龍茶、伊右衛門、ペプシコーラ、CCレモン、ボス、リプトン、サントリー天然水、なっちゃん!、DAKARA等々、お茶、コーヒー、紅茶、水、ジュース、健康飲料に至るまで、多様な商品ラインナップが形成され、それがサントリーの自販機の中に並ぶ。自販機をもつということは、自販機に入る多様な種類の清涼飲料をもつことと同義なのである。自販機への投資と商品開発への投資は大きい負担をメーカーに与えることになり、それが一つの障壁となってコカ・コーラやサントリーに競争優位を与える。

緑茶飲料に強みをもつ伊藤園も、そうした総合飲料メーカーになる道はありえた。だが、この飲料化比率を社の目標に掲げたとき、当面は総合飲料メーカーの道ではなく、緑茶飲料分野に資源を徹底集中することになった。

†飲料化促進のマーケティング

市場が実質的な成長期に入る以前から、伊藤園では、飲料化比率の拡大を目標として、緑茶飲料市場の将来性を見据えてマネジメントを行うことができるようになった。伊藤園では、緑茶市場の成長可能性を確信することによって、同社の強みであるルートセールスによる営業を強化するだけでなく、緑茶飲料の新たな飲み方を提案し、緑茶の飲用シーンを広げる取り組みに注力した。

たとえば、一リットル未満の小型ペットボトル入り飲料を販売自粛する自主規制が撤廃された一九九六年には、伊藤園はいち早く五〇〇ミリリットルペットボトル入りの「お～いお茶」を発売した。その結果、携帯していつでも飲むことができるようになった緑茶の飲用シーンは大きく拡大し、緑茶飲料が広く普及していった。

さらに二〇〇〇年一一月には、世界で初めてホット専用のペットボトル入り緑茶飲料を発売した。緑茶飲料を温めると通常の数倍の速さで酸化し味が劣化してしまう問題があったが、伊藤園では容器と中身の工夫によって、この壁を乗り越えていった。その結果、止渇を目的に夏を中心に飲まれる飲料だった緑茶飲料は、嗜好性を強めた冬の定番商品としての性格が加わり、冬場でも売上げを落とすことなく、年間を通じた安定的な需要の創造の手がかりを一つ得たのである。

4 学びたいこと

†先行するポジショニング

この章では、伊藤園の緑茶マーケティングに焦点を当てた。「飲料化比率」のコンセプト&セオリーがカギであった。それに依拠しながら伊藤園が試みたことは、「お～いお茶」を、清

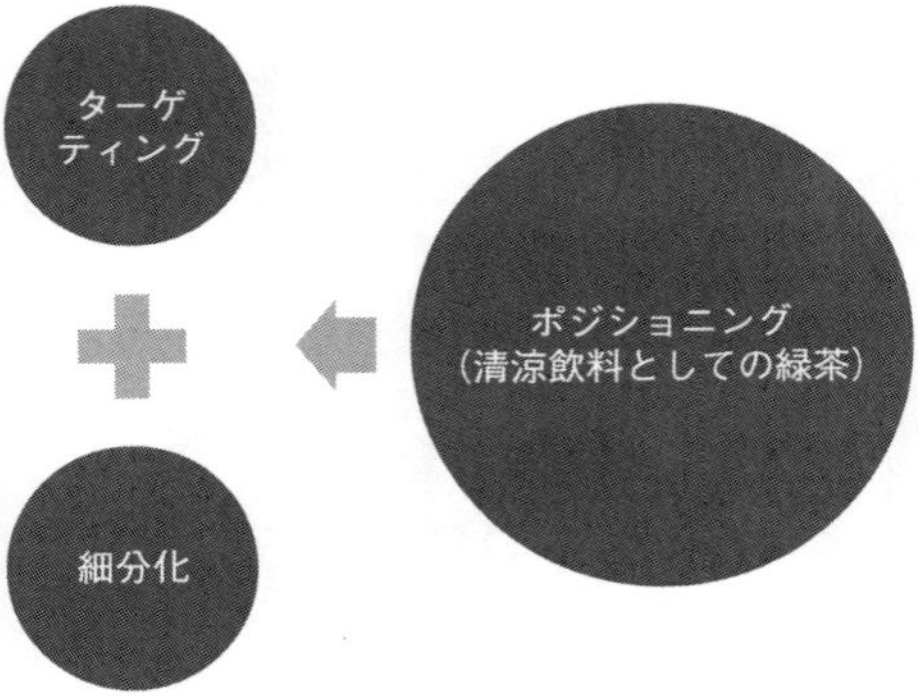

涼飲料市場あるいは茶系飲料市場において「緑茶飲料」という切り口で確実なポジションを取ろうとするものであった。これまで述べてきたような手順、つまり、細分化↓ターゲティング↓ポジショニングという手順ではなかったことに注意したい。

「清涼飲料としての緑茶」という切り口は、それまでにない切り口であったが、それを理論的に支えるのは、繰り返し述べたように、飲料化比率のコンセプト&セオリーである。そのコンセプト&セオリーは、緑茶が、ウーロン茶やコーヒーや紅茶などと並ぶ、有力な清涼飲料となりうることを確信させるものであった。

　切り口（ポジショニング）先行で進むことで、緑茶飲料の長期的な市場成長を見据えた事業のマネジメントが可能になった。飲料の原料となる茶葉の生産力の増強と、緑茶飲料を啓蒙するコミュニケーションという両輪が駆動した。ポジショニング先行によるマーケティングの力強さを確認したい。

った。

「清涼飲料としての緑茶」というポジショニングは、生活者の緑茶飲用に関連したライフスタイルが大きく変わることを予期するもの、つまり生活者の未来のニーズを先取りするものであった。

つまり、そのポジショニングが現実のものとなるという期待は、

① 緑茶の、家庭外ないしは屋外での飲用機会が増えること、
② 家庭内でも、大型の二リットルペットボトルの使用を通じて、相対的に伝統的な茶葉使用による飲用が少なくなること、
③ （若い人を中心に）簡便志向が強くなること、

といった生活者の生活スタイルの変化を予期するものであった。

その意味で、清涼飲料としての緑茶というポジショニングは、生活者自身も意識しない生活者の未来の価値に対応するものであった。

第5章

第Ⅰ部のまとめ：市場志向の戦略を立てる

第Ⅰ部では、現代の企業にとって、市場志向の戦略を立てることが大切であることを強調してきた。「自分は、誰のために、何をしたいのか」という事業ミッションを明らかにし、「そのために、具体的にどういうやり方を用いるのか」について方策を明らかにした五つの企業のケースを紹介した。いずれも、業界ではユニークなミッションをもつ企業である。簡単に振り返っておこう。

1 STPの手法

みずから適応すべき顧客層を明らかにし、そこに絞り込む。その大事さは、ここに取り上げたすべての企業や事業が教えてくれている。

青芳製作所は、使い手が誰かわからないような状況で事業を続けることを避けて、ターゲットを手や指の不自由な人や高齢者に絞った。そこから、「スプーンとは何か」、「現状の形状で、彼らの食事に合っているのか」という製品の本質的な問いにまで至り、ユニバーサル・デザインというポジショニングを得る可能性を手にした。

アート引越センターも、運送ニーズをもつ顧客全般を相手にするのではなく、その中で引越ニーズをもった生活者にターゲットを定めた。さらにその中でも、引越で一番苦労するはずの女性に向けて、自身の事業ミッションを考えた。

SASはビジネス旅客にターゲットを絞り込んだ。そして、ビジネス旅客にとっての本当の価値、「時間厳守」を事業のミッションの核においた。そのミッションに合わせて、航空会社としての姿は大きく変わった。

そしてレッツノートは、法人顧客にターゲットを絞り込み、この業界では目を向けられることのなかったアナログ技術に目を向け、彼らの望む価値の実現を図った。

自身が適応すべきターゲットを絞る、そのターゲットが一番大事にしている価値を見つける、そしてそれに合わせて自身の商品企画プロセスないしはサービス業務を根本から作り直す。単純だが強力な方策である。

2　生活者・顧客の価値

「向き合う生活者を絞り、彼らの欲しい価値を知るところから、ビジネスは始まる」。これが、ここでいう市場志向・生活者志向の核心である。しかし、「言うは易く行うは難し」である。実のところ、「市場志向」と言っても、会社の側は誤って理解している場合が少なくない。生活者ニーズを誤って理解すれば、当然、ビジネスは違った方向に進む。だが、生活者ニーズを誤って理解するなんてことがあるのだろうか。

たとえば、こういう例を考えて欲しい。四分の一インチのドリルが、生活者相手に売れたとする。そのとき、生活者はいったい何が欲しかったのだろうか、と。「そのドリルが欲しかったから、そのドリルを買ったのだろうか?」。そうではない。ドリルを買った人が欲しいのは、そのドリルがあける「四分の一インチの穴」の方なのである。

しかし、多くの経営者は、「生活者が買ったのがドリルだから、生活者が欲しいのはドリルだ」と思いこんでしまう。そう思いこんで、ドリルの性能を改善するためにさらに自社の技術を改良する。そうした試みはもちろん、この四分の一インチの「ドリル」を売るために重要だ。しかし、それは生活者の「本当のニーズ」に適ってはいない。生活者が本当に欲しいのは四分の一インチの穴なのに、欲しいのはそれをあけるための手段としてのドリルだと思い込んでしまうと、大きなしっぺ返しをくらう危険がある。

四分の一インチの穴をあけるドリル以外の、つまり、モーターと切削金属を使わない画期的な技術（たとえば、レーザー技術）が世に出れば、このドリルは一気に市場を失ってしまうという危険である。

私たちの周りを見回せば、そうした大きな技術代替のせいで市場を失った製品はたくさんある。たとえば、テープやCDなどのオーディオ技術の革新があって、レコードがなくなりレコード針を生産する会社が消えた。それらの新しい技術も、ウェブが発展して消えつつある。電卓が生まれてそろばんが消えた。アメリカの話だが、自動車や飛行機が隆盛して、鉄道が滅んだ。こうした幾多の事例から、貴重な教訓を導き出せる（セオドア・レビット『マーケティング発想法』ダイヤモンド社、一九七一年）。

†製品でなくその機能で、手段でなく目的で事業ミッションを考える

ドリルメーカーは、「自分の事業を、ドリル事業」と考えてはまずいのだ。その理由ははっきりしている。その定義では、生活者の本当のニーズをとらえてはいないからだ。

「生活者は、その製品を使って何をしたいと考えているのか」。この問いこそが、ドリルを買

った生活者の本当のニーズに関わる問いになる。そして、その本当のニーズに基づいて事業を定義することが望ましい。これが、先の話から得られる教訓だ。

事業を、製品あるいは手段ではなく、その製品を用いる目的やその製品の果たす機能で考えるべきなのだ。「引越する生活者の目的は、トラック運送サービスを購入することではなく、引越すること」（アート引越センター）であり、「ビジネス旅客の目的は、飛行機に乗ることではなく、目的地に時間に狂いなく到着すること」（SAS）なのである。近視眼に陥ってはいけない。

同じように、近視眼に陥らないように注意しているいくつかの企業がある。ゼロックスがそうだ。「コピー機械を売るのではなく、コピーサービスを売る」と言い続けている。IBMも、昔から、“IBM means service”と言っている。「IBMは、コンピュータ機械を売る会社ではなく、コンピュータが果たすサービス（solution）を売る会社だ」というのだ。あるいは、スターバックスも、「満足を味わうひととき（Rewarding Everyday Moments）」と言っている。「美味しいコーヒーを提供します」とは言わない（スコット・ベドベリ『なぜみんなスターバックスに行きたがるのか？』講談社、二〇〇二年）。

いずれの会社も、お客さんのニーズは、お客さんが購入する製品（コンピュータやコピー機械、あるいはコーヒー）にあるのではなく、「その製品・サービスが果たす機能」にあるのだと言い、自身の事業は、顧客のその本当のニーズに応えることにあるのだと宣言する。生活者ないしは顧客の深い理解に立った事業の定義は、たんにコンピュータを作って売る会社、コピー機械を作って売る会社、あるいはコーヒーを提供する会社に比べて、より深く生活者のニーズに迫っている。

3　事業を定義する

「誰のために、何をするのか」という事業ミッションにプラスして、「それを、どのように実現するのか」がないと、事業としては完成しない。つまり、事業とは、「誰に（顧客層）」、「何を（機能や価値）」、そして「どのように（技術・オペレーション）」でもって構成される（デレク・エーベル『事業の定義』千倉書房、一九八四年）。

パナソニックのPC事業の再定義は、次のように整理できる。

① 誰に（顧客層）——個人を含めた一般生活者→法人の営業
② 何を（製品・機能）——PC一般→屋外で使用できるモバイルPC（軽くて頑丈なPC）
③ どのように（技術）——モジュラー型技術→アナログ技術の取り込み
④ どのように（オペレーション）——量販店経由の大量販売体制→顧客との間の緊密な関

係の体制
「どのように」のところが、二重になっているのが気になるかもしれないが、製品に着目すると技術になるし、顧客関係（マーケティング）に注目するとオペレーションになる。

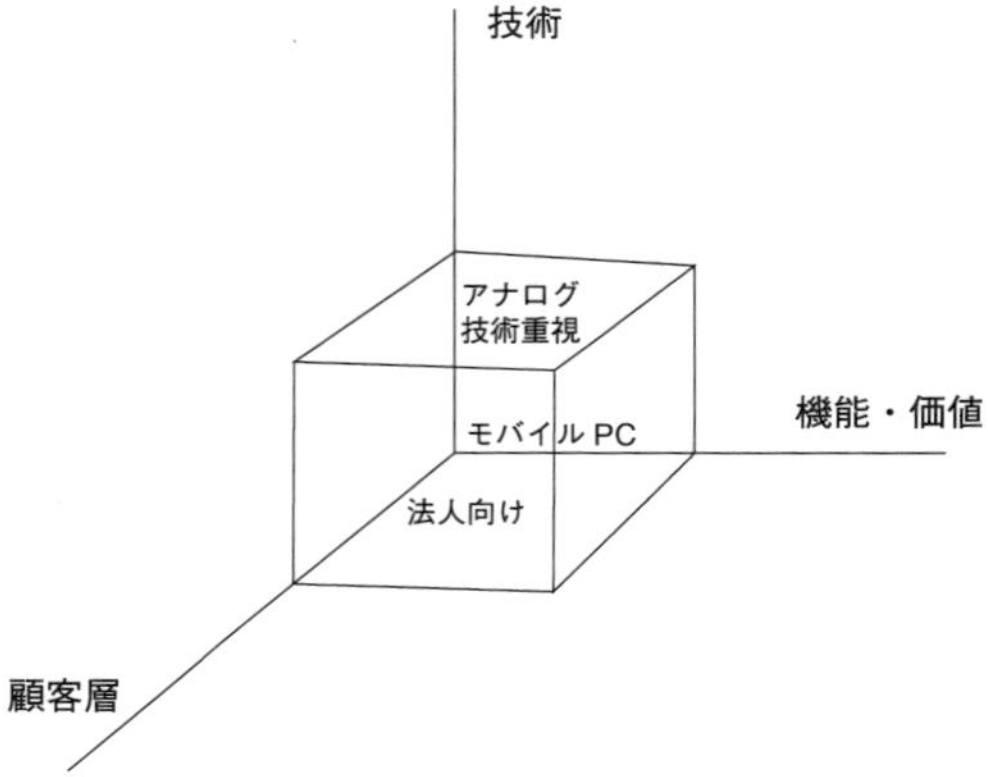

図にしてみよう（上図）。

顧客層の軸では、「法人向け」以外に、「一般個人向け」や「デザイナーなどのプロ向け」も考えることができる。機能・価値では、モバイルPC以外にも、「日常家庭で利用するPC」もあれば、「音楽や映画を楽しむPC」もありうる。技術で言うと、もちろん現代のモジュラー組み立て型技術がある。オペレーションは図に含めていないが、技術の部分をオペレーションに替えればよい。その軸では、「顧客関係重視方式」以外に、主流である「量販店経由の方式」もあれば、「ダイレクト販売方式」もある。PC事業を行うと言っても、三軸に沿って、これだけの組み合わせが可能なのだ。

こうした中で、「法人向け」、「モバイル」、「アナログ重視」、「顧客関係重視」に首尾一貫した形で事業を絞ったのがパナソニックである。限定顧客層の限定ニーズに対して、ここまで徹底したこだわりの技術開発とオペレーションで応えた企業は、PC業界ではこれまでなかった。それが、法人顧客さらには「強いもち運びニーズをもった顧客層」を引きつけた理由だ。市場自体は小さい規模の市場かもしれないが、しっかり脇を固めて、明確なポジショニング(「モバイルPCならレッツノート」という定評)を確立した。

†成長経路の可能性

先の三軸構成図は、これからの成長経路も、わかりやすく示してくれる。その点を確認しておこう。

成長経路の第一は、市場開拓戦略、つまり顧客層を拡大する方向である。レッツノートで言うと、アナログ重視とモバイルPCの軸は変えず、それを法人以外の顧客に向けて販売していく。これは、市場開拓戦略である。

第二は、用途開発戦略。つまり、モバイルPCからそれ以外のPCへ拡張する方向である。法人向けでアナログ重視という軸は変えないで、デスクトップやラップトップあるいはパームトップPCや携帯電話を販売していくという成長経路である。

第三は、技術開発戦略。アナログ重視からモジュラー型技術への移行などがそうだ。法人向けのモバイルPCという軸は変えないままで、新しくモジュラー型技術を活用して、たとえば低価格PCニーズに対応する方向である。

4 ポジショニングを先行させる

細分化し、ターゲットを絞り、みずからのポジションを決める。このやり方が、賢いマーケターの定番のやり方だ。だが、この伊藤園のケースは、それとはやり方が違う。「緑茶は、どういう飲料でありたいのか」という夢あるいはポジショニングから、戦略がスタートしている点が違っている。「緑茶も飲料だ。コーヒーや紅茶やウーロン茶と並んで、缶やペットボトル飲料になりうる」というわけである。

といっても、そのポジショニングは、決して空想夢想のたぐいではないことに注意したい。そのポジショニングの背景には、飲料化比率という客観的な指標・データと、その比率を変化させる諸要因についてのセオリーがあった。それは、伊藤園の経営者や緑茶マーケターたちを信じさせるに十分な根拠となった。

伊藤園の狙いは、「未だ現実のものとはなってはいない」生活者のニーズ、いわば生活者の未来のニーズに関わる。この計画が始まった当初の生活者にとっては、「お茶は、急須に茶葉をいれて飲む」というスタイルが支配的であった。缶やペットボトルのお茶を買って飲むという習慣をもってはいなかった。その意味で、現在のニーズに応えるというより、将来のニーズを先取りするマーケティングになる。

こうした未来志向の先取りマーケティングは、他にも例がある。たとえば、ヤマト運輸が宅急便ビジネスを開始する際に、集配車一台あたりの「集配密度」を成功のカギだと睨《にら》んだという話はそれだ。当時の同社社長であった小倉昌男は、「エリアをできる限り小さくとった上で、集配車一台あたりできるかぎり多くの小荷物を集配できるかがビジネス成功のカギ」と読んだのである。そして、集配車一台あたりの「集配密度」を高めるさまざまの方策を工夫していった。なかでも、個々の家庭の主婦が小荷物を出さなければ、ビジネスは成立しないと考え、主婦のニーズに適った宅配サービスの中身を作っていった（石井淳蔵『ビジネス・インサイト』岩波新書、二〇〇九年）。

伊藤園の飲料化比率とヤマト運輸の集配密度のコンセプトに共通しているのは、マーケティング定番のS→T→P方式ではなく、P→S・Tのポジショニング先行方式である。ポジショニングからスタートするマーケティングは、ラディカルなマーケティングであるだけにリスクもある。それだけに、その根拠となる、周囲の者を納得させるだけのセオリーが必要だ。この点にさえ注意すれば、マーケターの道具箱には是非入れておきたい道具である。

第Ⅱ部

戦略志向の組織体制づくり

第I部では、「誰のために、何を、どのように提供するのか」という市場志向の戦略の重要性を示した。それを受けて、第II部では、そうした戦略を反映して、あるいは戦略を支えるために、どのような組織体制が作られるのかを探る。

もっとも、第I部ではすでに、その話に一部踏み込んでいる。たとえば、一番わかりやすいSASのケースを思い出してみよう。同社は、「ビジネス旅客に対して時間の正確性を提供する」というSTPが定まった後、組織立った動きを展開した。顧客向けサービスプログラムの展開、運航に使用する飛行機の機種の変更、そして航路の全面変更にも踏み切った。STPが定まることで、具体的なやるべきこと（戦略）が定まり、そのために不要な資源を放棄し必要な資源を調達する、といった流れがあることがわかる。

アート引越センターのケースもそうだ。「女性に向けた引越サポート」というSTPが定まって、その後、具体的な引越関連技術の蓄積や生活者コミュニケーションにおけるさまざまの工夫を図るといった組織だった動き（戦略）があり、それに対応するように組織が編成されたことが紹介された。

SASとアートのケースはいずれも、次頁の図に示すように、STPで示される戦略の策定から、オペレーションの改革を経て、そして「継続的な実行のための組織づくり」へという流れを示している。

　だが、逆の流れもある。たとえば、以下に述べるように、市場分野別の組織かブランド別の組織かによって、同じ状況に置かれたときでも、具体的にとられる戦略の次の一手は違ってくる。つまり、戦略はそれに合った組織を創り出す一方で、組織タイプが違えば違った戦略が生まれる。つまり、戦略と組織は互いに影響を及ぼし合いながら、一つの戦略体制を作っていく。第II部では、この戦略と組織の関係について検討したい。

　二つの課題が扱われる。第一は、市場適応の階層（ハイアラーキ）の課題、もう一つは成長対応の課題である。

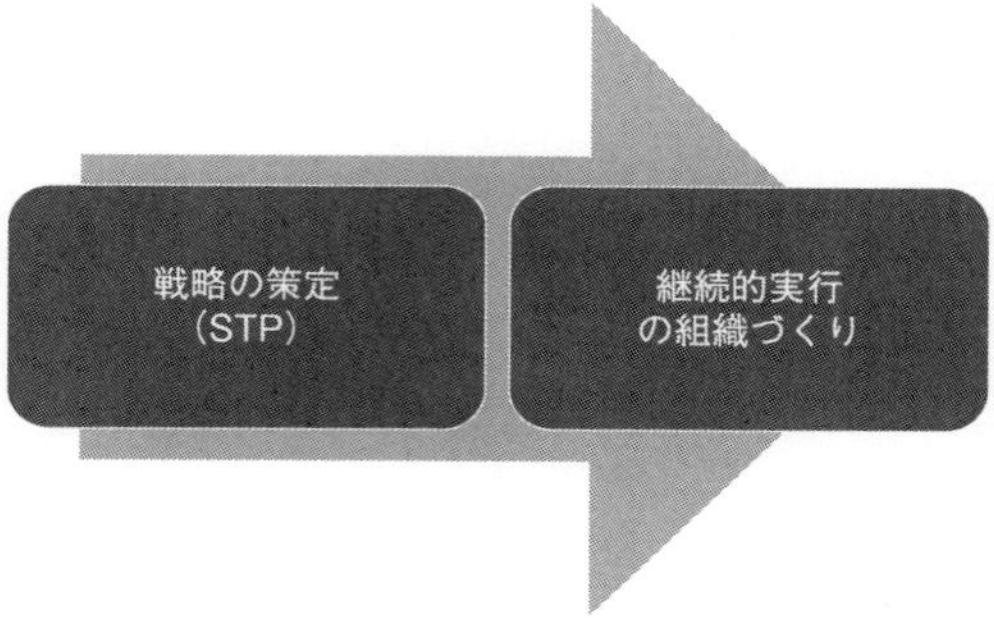

戦略志向の組織づくり

†市場適応のハイアラーキ

　企業は、市場に対峙する。市場には、商品を購入してくれる生活者もいれば、競争相手もいる。生活者や競争相手は、一所にじっとしているわけではなく、さまざまに姿を変え、性格を変える。そうした変化に、企業は適応していかなければならない。企業は、そのために適応の責任を負う部署と人とを定める。それが、企業の実行の組織づくりにほかならない。

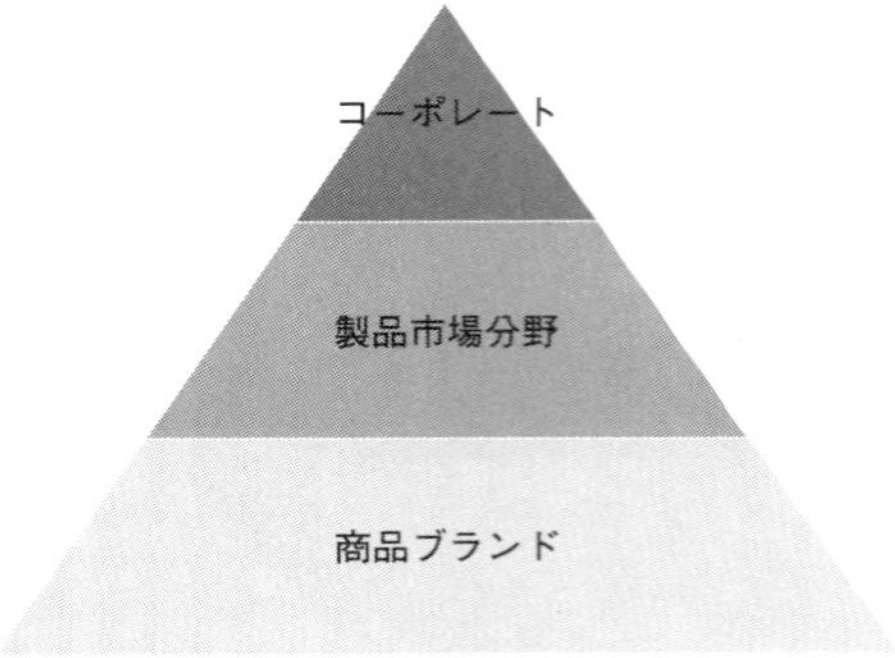

市場適応の組織レベル

企業の実行の組織づくりの基本は、上図で示される。この図は、企業組織の市場対応の組織階層レベルには、「コーポレート」、「製品市場分野」、そして「商品ブランド」の三つのレベルがあることを示している。

コーポレート（全社）がもっとも上位のレベルになる。そして、その下に、いくつかの製品市場分野が含まれる。たとえば花王であれば、花王という会社の下に、ヘアケア、ボディケア、ビューティーケア、トイレタリーといった製品市場分野が揃う。そして、それぞれの製品市場分野は、複数の商品ブランドを含んでいる。ヘアケア分野には、〈メリット〉、〈アジエンス〉といったブランドが揃う。コーポレート／製品市場分野／商品ブランドという、こうした三階層の組織構造は、花王だけでなく、多くの消費財企業に一般的だろう。

だが、各社によって、「主としてどのレベルで、市場と対峙するか」は違っている。たとえば、コーポレート・レベルで対峙しようとする企業がある。B2B企業の多くは、そうだ。消費財企業でも、カルビーやフジッコやコクヨといった企業は、企業名で生活者に知られるよう図ってきたように見える。その点では、コーポレート・レベルでの対応を試みてきたと言える。

製品市場分野で対峙しようとする企業もある。昔、松下電器は、白物家電分野では〈ナショナル〉、音響製品分野では〈テクニクス〉、そしてそれ以外の分野については〈パナソニック〉という名前を、生活者に認知させ、愛着（ロイヤルティ）をその名前で受け入れていた。トヨタの商品企画部も、比較的、車種別・製品分野別の体制が強力で、その中にいくつかのブランドが所属する形になっている。

他方、商品ブランドで対峙する企業もいる。先に紹介した花王は、他のどのレベルよりもブランドレベルでの対応を重要視している。自動車会社では、フォルクスワーゲン社がそうだろう。〈フォルクスワーゲン〉という商品ブランド以外に、〈アウディ〉や〈ゴルフ〉といった商品ブランドをもつ。この会社は、コーポレート名や製品市場分野名以上に、商品ブランドに力点を置いている。ネスレでも、〈ネスカフェ〉や〈ゴールドブレンド〉が、ネスレの商品ブランドだということはわかっても、〈キットカット〉や〈マギー〉や〈ブイトーニ〉ともなると、ネスレだと気がつかないで買っている人も多いのではないだろうか。

企業ごとに重要視する組織階層は違っているが、それにより日々の組織的活動は違ってくる。

その点を明らかにするのが、第II部の第一の焦点である。

†成長対応

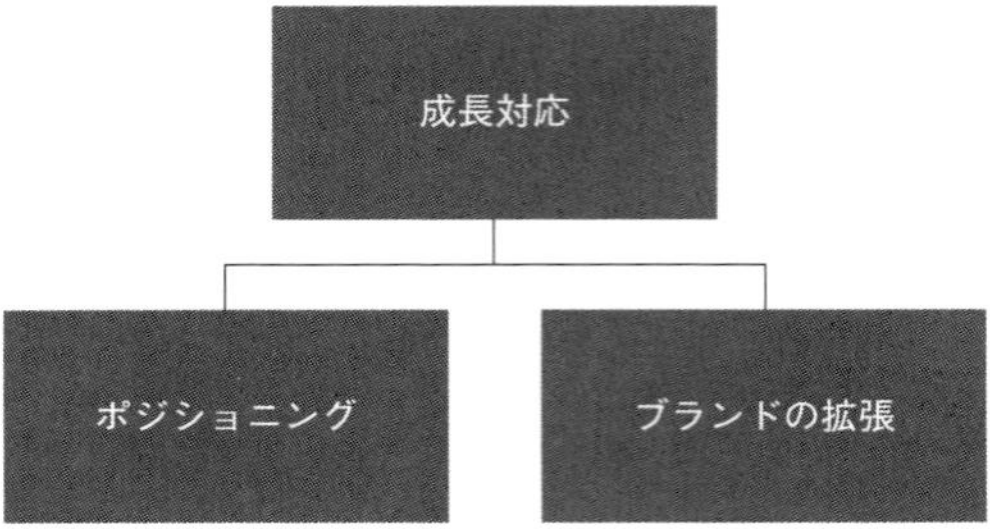

市場への成長対応

もう一つの焦点は、成長スタイルである。ここでは、商品ブランドに焦点を絞る。ブランドを基軸に成長を図る企業が、最近では増えてきている。同じブランド重視でも、成長のスタイルには二つのタイプがある。第一は、ブランドがもつ(細分)市場との絆を重視する「ポジショニング」による成長と、もう一つは「ブランドの拡張」による成長である。

前者は、たとえば、花王やP&Gように「洗剤」という一つの製品分野に、複数のブランドを投入する形での成長スタイルだ。後者の場合は、複数の製品市場を横断するようなブランド、いわばメガブランドを抱えるスタイルになる。〈ベンツ〉などは、その典型だろう。一七〇〇万円のベンツもあれば二六〇万円のベンツもある。セダンもRVも〈ベンツ〉という名前で統一されている。これは、〈ベンツ〉というブランドを複数の他分野へと拡張した試みの結果である。

第II部の構成としては、前半（第6～8章）で、三つのレベルのハイアラーキを巡るいくつかの企業の取り組みを紹介する。コーポレート／製品市場分野／商品ブランドという三つのタイプの戦略体制の理解を深めることで、それぞれのタイプの特徴が理解できるだろう。

ポジショニングかブランド拡張かを巡る成長対応の議論は、第8章～10章のテーマである。ここでも、ポジショニングを軸とした戦略体制とブランド拡張を軸とした戦略体制の区別が可能で、そのことを理解することで、それぞれの長所や限界を理解することができる。

第6章　コーポレート・ブランドを経営する

1　はじめに

読者の皆さんは、松下電器（現パナソニック）とソニーという会社名を聞いて、どのような商品名を思い出しますか？

数年前、実際この質問調査が行われたことがある。そのときは、ソニーでは、〈バイオ〉、〈ウォークマン〉、〈アイボ〉、〈プレステ〉、〈ハンディカム〉という順番で名前があがってきた。一方、松下電器はというと、テレビ、ビデオ、電池、携帯電話という順番で商品名が出てきた。それも迷いながら答えている風だ。

気がつくように、ソニーでは、われわれが言うところのブランド名があがってくる一方で、松下電器では製品（技術）名あるいは「製品カテゴリ」名があがってくるというのがここでの注目点である。この結果を見て類推をたくましくすれば、生活者はどうも、ソニーという会社を「ブランドの集合体」として見ており、松下電器という会社を「製品（あるいは技術）の集合体」として見ているように見える。

確かに、一つひとつの商品を取り上げても、松下電器は商品の「名前」を、ある意味で、あまり重視しているとは言えない。たとえば、テレビ受像器の歴史を考えても、筆者が覚えているかぎりで言うと、「α2000」以降、大型画面になって「画王」、テレビサイズが横に広がって「ヨコヅナ」、画面がフラットになって「タウ」、そして薄型テレビになって「ビエラ」が出る。間に「美来」という名もあったが、少なくとも、受像器の技術が変わるたびに名前が変わっている。

それぞれに、苦労して付けた名前なのだということはわかる。最後の「ビエラ」の謂われはよくわからないが、それまでの名前は何となく製品特徴との関わりがわかるようになっている。いかにも「この製品に、どういう名前を付ければ、生活者にわかりやすいだろうか、覚えてもらえるだろうか」と考えながら付けたのだろう。わかりやすさでいうと、洗濯機のネーミングなどはまさにそうだ。以前ヒットした遠心力機能を採用した洗濯機の場合、そのまま「松下の遠心力洗濯機」であった。

商品名で、製品の性格や特徴を表そうという強い志向をもっている。その意味で、商品名をマーケティングにおいて重視していることはわかる。その点では、商品名重視のマーケティングということになる。だがしかし、洗濯機であれテレビであれ、商品カテゴリを長い時間にわたって眺めると、松下電器は、「名前より中身だ」と考えている風である。先に述べたように、中身（技術）が変わるたびに名前は変わっていっているのはその証拠だ。少なくとも松下電器と呼ばれた頃のやり方は、〈商品〉ブランドにはちょっと無頓着なところがあった。それは、逆に言うと、〈松下電器〉という企業ブランドあるいは製品分野ブランドが重要と考えているように見える。

そのことは、パナソニックのライバル、ソニーの商品名の変遷と比較して見るとわかりやすい。ソニーは、逆に五年一〇年と長きにわたって商品名を変えない。たとえば、ウォークマン。ウォークマンは、録音機能をもたないステレオ・カセットとして発売された。しかし、ウォークマンの名前はそのカセットデッキの名前にとどまらなかった。ウォークマンの技術は、CD、ビデオ、MD、そしてネットワークと次々に変わるのだが、ウォークマンの名前は変わらない。これは、先のパナソニックのテレビ受像器の名前の移り変わりとは対照的である。パナソニックは、テレビ受像器だけでなく、ほとんどの製品について製品名を何年かおきに変える。

本章の問題は、このパナソニックの企業ブランド志向とソニーの商品ブランド志向の対比に関係する。

2　コーポレート・ブランドのマーケティング・モデル

日本企業はコーポレート・ブランドを大事にし、欧米企業は商品ブランドを大事にすると言われてきた。日本企業は、商品名を宣伝するときに、ほぼ必ずと言っていいくらい会社名が付く。トヨタカローラ、花王ソフィーナ、資生堂エリクシール、カルビーポテトチップス、ヤマハエレクトーンといった風である。

外資系の企業は、その傾向は少ない。車で言うと、「アウディ」や「ゴルフ」はどこの会社の車か、知らない人も少なくない。しかし、欧米企業も、郷に入れば郷に従えというわけで、日本社会に合わせて商品名に企業名をくっつける企業も出てきている。P&Gはそうだ。日本では、テレビのCMで、パンパースであろうとファブリーズであろうと、最後には必ず「ピー・アン・ジー」と小気味よいリズムで社名をささやく。同社は、世界では、商品名だけを宣伝し、P&Gという会社名を出すことはないと聞いているので、やり方を日本向けに変更しているわけである。

P&Gは日本市場に適応したわけだが、もちろん、最初から日本の生活者が、商品名に会社名を付けることを好んでいたというわけではないように思う。むしろ、長い時間をかけて、企業と生活者との共同作業によって生まれてきたわが国の消費・購買習慣だろう。では、どうしてそういう習慣が生まれたのか？

†チャネル管理とそこから派生するマーケティング戦略

わが国では、アメリカなどと違い、昔から卸売商業や小売商業などの商業組織が発達していた。戦後、大手有力消費財メーカーが、大量消費に対応して大量商品の供給を図ったとき、まずは既存の商業組織を利用することを考えたのは自然の流れだ。パナソニック、資生堂、トヨタ自動車、キリン、ヤマハ、コクヨ、富士フイルム、花王といった有力メーカーはことごとく、各業界のそれまであった卸売商や小売商を、自分たちメーカーの主導権が発揮できるような形に再編成していった。

たとえば、電球や蛍光灯を売っていた小さな電気小売店が、冷蔵庫や洗濯機やテレビを陳列する大きい売場をもった店に変貌した。パナショップである。同じように資生堂化粧品店、トヨタ販売店、ヤマハ楽器店といった私たちに馴染みのある店は、メーカーの指導の下に系列化されて立派な店に生まれ変わっていった。そして、商業組織の活用が巧みであったこれらメーカーが、各業界のトップ企業となり業界の主導権を握ることになった。

こうして、戦後、わが国メーカーのマーケティングの核心に、パナショップとかトヨタディーラーとかといった販売チャネルが位置することになったわけだが、そこから、さまざまなマーケティングの特徴が派生した。

第一に、みずからのチャネルを維持するために、メーカーは広い製品ラインをもった。パナソニックは、AV機器も白物家電も情報機器も、幅広く商品を扱う。メーカーにとっては、系列販売店が仕入れる（販売する）能力以上に、供給能力をもつことが、チャネル統制のカギになる。それがもっとも進んだ形態は、トヨタのそれだ。

トヨタの供給能力は大きく、五つの系列チャネルそれぞれに異なった商品を売り分けることができる。クラウンとマークXとカローラはトヨタを支えて来た商品だが、それらは異なるチャネルで販売されている。カローラの上級車としてクラウンやマークXを買おうと思っても、そのディーラーチャネルでは買えない。そこで買えるのはウィンダムである。つまり、系列チャネル別に異なる商品・ブランド群を供給できる能力をもったわけだ。そうした供給能力が背景にあって、五チャネル経営が可能になる。

しかし、こうした大きい供給能力をもつのは、大手メーカーであっても難しい。トヨタのような大企業でも、同一車を双子車や三つ子車にして、チャネルに向けた、ある意味での供給能力不足をカバーしなければならなかった。

もう一つの例は、資生堂。同社は、商店街にある化粧品店のチャネル、百貨店の一階にある資生堂コーナー、総合スーパーのドラッグ化粧品売場、ドラッグストア、さらにはコンビニといったチャネルを抱える。同社は、それらのチャネルごとに、売り方や扱い商品や扱いブランドを変える。百貨店では、対面での接客に加え、美容相談やアフターケアなど手厚いサービスを付けて販売する。他では扱わないような高価格帯の高級化粧品ブランドが販売される。街の有力商店では、対面で、それなりのサービスを付けて販売される。スーパーやドラッグやコンビニでは、セルフで手軽に選ぶことができる価格帯の商品やブランドが並ぶ。

メーカーが複数のチャネルをもつと、それに応じて、メーカーが保有する商品数そして商品ブランド数は自然と増える。トヨタも資生堂も例外ではない。両社がチャネル数を増やした理由や経緯は違っているが、両社共に、複数チャネルを維持するために、膨大な数のブランドをもつに至る。

第二に、統制の効いたチャネルを作り上げたメーカーは、そのチャネルを養う必要がある。せっかく囲い込んだ販売店が、他のメーカーチャネルに転籍したり、その店の中でライバル社の商品を販売したりすることがないようにしたい。そのために、少なくとも、競合他メーカーに遅れることなく、新製品を発売していかないといけない。もし、競合メーカーが新しく開発した商品が当該メーカーチャネル店になければ、その店は顧客を失ってしまう。その店も、それを避けるため、系列メーカー以外からその商品を仕入れたいと思う。店にとってはそれでよいが、メーカーは困る。「そのメーカーの商品しか売らない」というメーカー専属体制に緩みが出る。系列チャネルを構築したメーカーはなんとしてもそれは避けたい。そこで、そのメーカーは、競合メーカーに遅れることなくその商品を発売していく必要がある。

加えて、専属商店に対して、その売上げと利益を確保しないといけない。店頭を活性化すべくさまざまの販促ツールが準備される。しかし、市場に対して一番インパクトがあるのは、なんと言っても新商品だ。モデルチェンジや四季の変化に合わせたシーズンキャンペーンなど、いろいろな場面で新商品が必要だ。

こうした理由で、新製品開発やモデルチェンジが、チャネル維持のための不可欠の施策として、マーケティングの中に埋め込まれる。

†コーポレート・ブランドの構築

そして第三に、商品ブランドより、コーポレート・ブランドの構築維持に注力する。メーカーのマーケティングの焦点は、流通チャネルの協力を得ながら生活者に迫るやり方、つまり「プッシュ・マーケティング」だ。系列チャネルが隆盛であった時代の生活者にとって、商品購入の手がかりは、まずもって「店」にある。パナショップで買うか、東芝ストアで買うか、それが商品購入上の最初の選択問題だ。その場合、パナソニックや東芝が、わざわざ商品名をアピールする必要はない。たとえば、「松下の遠心力洗濯機」、「東芝のテレビ」で十分と言えば十分なのだ。

パナソニックや東芝ばかりではない。しっかりした自分のチャネルをもったメーカー、つまり資生堂、トヨタ、ヤマハ、コクヨであれば、商品の名前を一つひとつ覚えてもらわなくとも、自社の名前だけで十分生活者に通用する。メーカーと生活者の関係を媒介するのは、「商品ブランド」ではなく、企業が商業組織を利用しながら構築した「チャネル」ないしはその代名詞たる「会社名＝コーポレート・ブランド」なのである。

安定した流通チャネルをもち、生活者との接点を確保したメーカーにとって、チャネルは、生活者との緊密な関係を媒介する媒体（メディア）となる。他のメーカーは、その媒体に入り込むことができない。他社を入り込ませないようなビシッとしたチャネルを完成させたメーカーにとっては、パナソニックのテレビのように商品名が何年かおきで変わっても、問題は生じない。ここで、最初にあげたパナソニックとソニーの商品名の話につながってくる。

パナソニックは、何年かごとに、たとえ売れた名前であっても変えた。常識的に考えると、商品名を世の中に周知させるだけでも多額の宣伝費が必要になるので、できれば、商品名を変えずにやりたいところ。しかし、パナソニックは、そうしたコストはものともせず、「技術が変わった」というメッセージを強烈に訴求するがためだろう、商品名まで変えてきた。パナソニックにとって、商品名は愛称にすぎない。愛称ならリセットしても大丈夫。愛称のベースには、パナソニックという本名があって、それが市場でしっかりと認知されているからだ。つまり、生活者との安定した関係はチャネルと会社名を通じて担保されていたからこそ、商品名を愛称と言って済ましても、大丈夫だったのである。

他方、拠るべきチャネルをもたないソニーは、そうはいかない。チャネルに代わる、生活者との接点媒体が必要になる。ソニーは、そこで商品ブランドに頼ることになる。こう考えると、パナソニックが次々に商品名の変更を行ったのも、そしてソニーが長期にわたって商品名を変えずにきたというのも、その意味で両者共に筋は通っている。

3　学びたいこと

パナソニックの話を中心に述べてきたが、トヨタであっても資生堂であってもヤマハであっても話は変わらない。それらの企業の市場適応の基本論理は共通する。それは次頁の図のように示すことができる。

チャネルの確保が、市場に向けて打つ戦略の最優先事項になる。そこから、チャネルを通じて安定した生活者関係を築くことが続く。それを支援すべく、①広い製品ラインと多数の製品

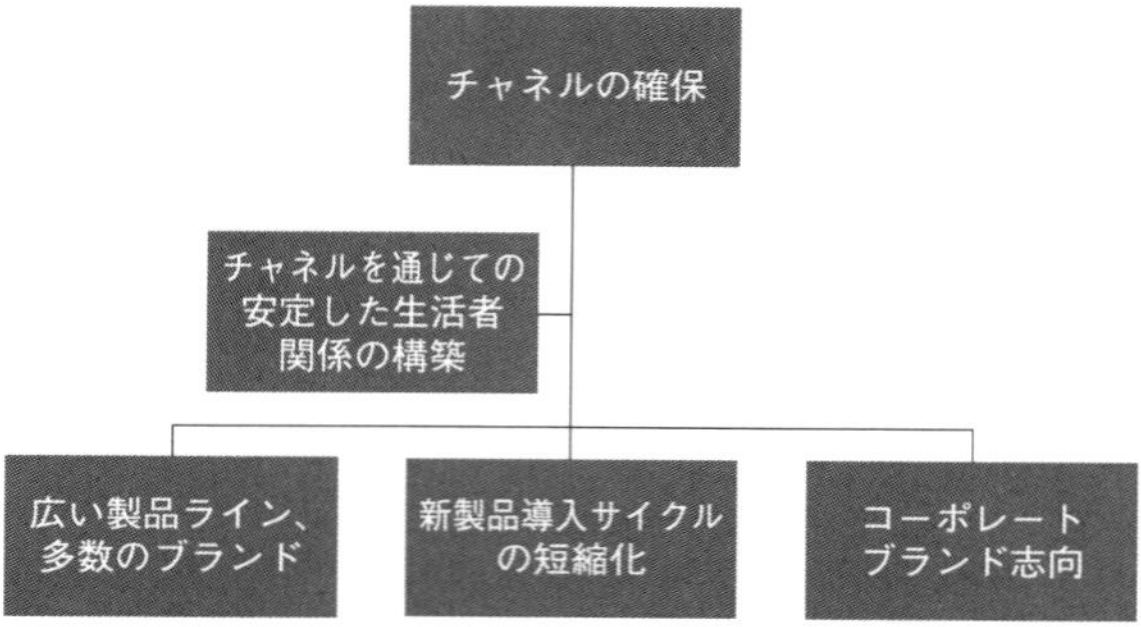

コーポレート・ブランド戦略

ブランドの保有、②新製品導入サイクルの短縮化、そして③コーポレート・ブランドのアピールがある。この体制は、「コーポレート・ブランド戦略体制」と呼ぶことができる。

†商品ブランド戦略

パナソニックと対照的な戦略は、もちろんソニーを典型とする戦略である。戦後、チャネル系列化に遅れをとったソニーは、積極的に商品ブランドを育てた。自動車業界のホンダも、対トヨタという意味ではソニーとよく似た状況で、商品ブランドを育てようとする戦略だ。二つの戦略体制を比較して、一表にまとめておこう（次頁）。

左側、コーポレート・ブランド戦略の前提条件となるのは、メーカーによる自身の販売チャネルの完璧なコントロールである。それができれば、コーポレート・ブランド戦略は有効に働く。チャネルがあってこそのコーポレート・ブランド。自前のチャネルをもち、自在に取扱商品をコントロールできて初めて、コーポレート・ブランドがそれとして十全の機能を発揮できる。そうした基盤がないと、メーカーが会社名（＝コーポレート・ブランド）を軸として自社の多くの商品にブランド拡張しようと思っても難しい。

商品ブランド戦略は、その反対の性格をとる。チャネルという顧客接点をもたないメーカーは、個々の商品ブランドを媒体とした生活者との関係づくりに注力する。比較的少数のブランドに絞って、生活者との接点を確保する。たとえば、P&Gでは、パンパースやジレットなどの二〇を超える一ビリオンダラー（一〇〇〇億円）ブランドが企業を支えていると言われている。ブランドをメガブランド化し、それらを経営の柱とするやり方である。

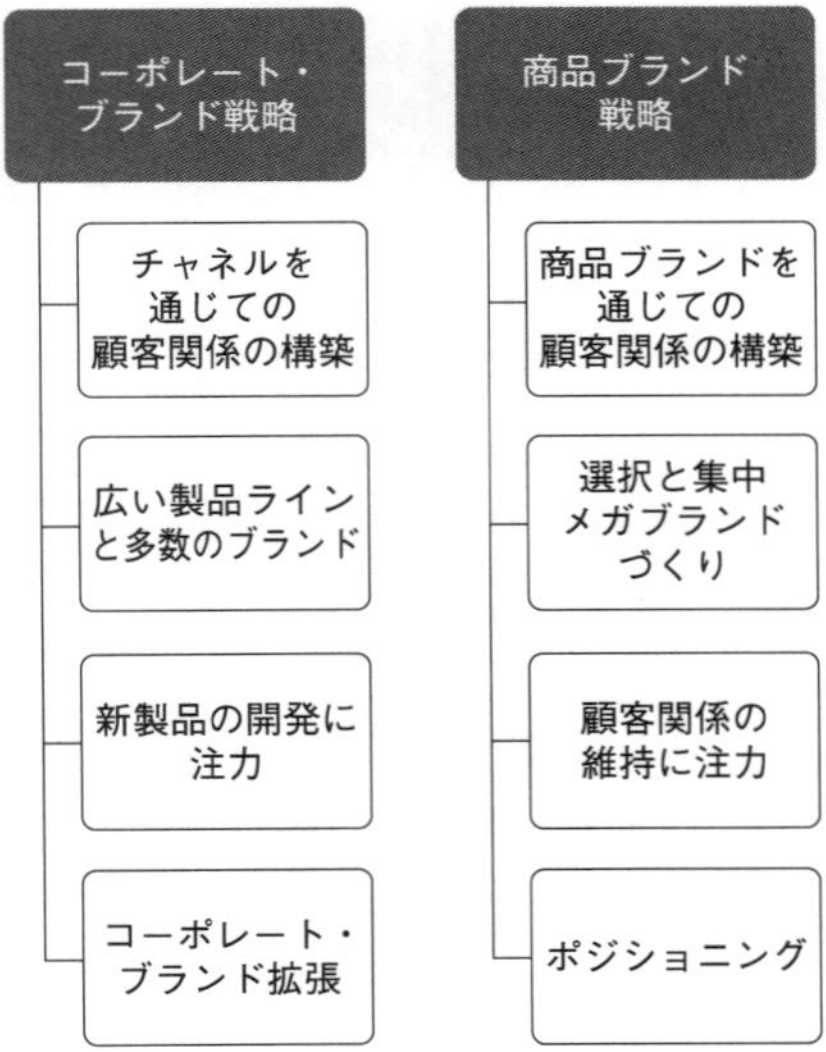

2つの戦略体制の比較

商品ブランドに注力するメーカー

は、過度に新製品開発にこだわる必要もない。商品ブランドを基軸にした戦略においては、むしろ財産はこのブランド（商品名）であるので、それを壊さないようにすることに注意しないといけない。無理に売上げを拡大させたり、むやみに他分野にブランド拡張したりすることは、できるかぎり避けたい。

こうした狙いは、P&Gだけでなく、コカ・コーラやネスレなどの外資系企業ではおなじみのやり方である。日本企業でも、先に述べたように、ソニーやホンダ、あるいは最近ではシャープや日清食品はそうした戦略を採用しているように見える。

第7章　製品分野別に経営する

この章では、製品市場分野別組織と商品ブランド別組織との違いを浮き彫りにする。ケースは、サッポロビールの第三のビール〈ドラフトワン〉である。

1　はじめに

二〇〇四年、酒類市場は成熟期にあった。飲酒人口は、一九九八年をピークに減少し、世帯当たりの飲酒量も減少していた。その中で、二〇〇四年に至る一〇年ほどの間で、売上高を伸ばし、酒類市場全体を牽引してきたのは発泡酒だ。

「第二のビール」と呼ばれた発泡酒は、一九九四年にサントリーが〈ホップス〉を発売してスタートを切った。サッポロビールは、その翌年、「ドラフティ」でこの市場に参入した。その後、一九九八年にキリンが「麒麟淡麗〈生〉」を、二〇〇一年にアサヒが「本生」を投入し、発泡酒は二〇〇四年時点でビールを上回る規模の市場に成長した。だが、二〇〇三年の発泡酒増税以降、その成長もストップし、二〇〇四年には金額および数量共に減少傾向にあった。新製品の投入数も、二〇〇二年の一一商品をピークに、二〇〇三年は四商品、そして二〇〇五年も五月現在で一商品と、その数が大きく減少した。こうした状況の中で、サッポロビールは、〈ドラフトワン〉を導入した。

ドラフトワンは、大ヒットし、二〇〇四年度の日経優秀製品・サービス賞を受賞した。その導入前後の事情を探りながら、ブランドに関わる組織体制について見ていくことにしよう。

2　ドラフトワンの開発と導入

発泡酒は、麦芽使用比率が通常のビールより低く、税負担が少ないため、ビールより安く販売できる。発売当初は「節税ビール」とも呼ばれ、ビールの類似品として、「味は落ちるが、安いから買うもの」と位置づけられていた。しかし、その発砲酒も発売から一〇年近く経ち、発泡酒に対する見方も徐々にではあるが変わった。すなわち、ビールとは異なる「あっさり、すっきりした飲み物」というイメージが定着し、価格以外の価値をそこに見いだすようになってきた。

サッポロビールの開発担当者は、このようなトレンドに目をつけ、発泡酒の特徴である「あっさり感」や「すっきり感」をさらに高めるビールテイスト飲料を模索し始めた。麦と麦芽で作るビールは、その皮に含まれるタンニンのため、どうしても苦みや渋みが出る。これがビール独特の風味をもたらすわけだが、なかにはこの苦みや渋みが嫌いな人もいる。そこで、開発担当者は、発想を一八〇度変え、麦や麦芽を使わないまったく新しいビールテイスト飲料の開発に取り組んだ。一〇〇種類以上の原料を試した後、最終的に行き着いたのが「エンドウたんぱく」であった。

†九州での先行販売

こうして、すっきり感と価格の安さを特徴とするエンドウたんぱくを使用した、まったく新しいビールテイスト飲料〈ドラフトワン〉が誕生した。だが、どれだけ売れるのか、予測がつきにくかった。そこで、同社は、九州での地域先行販売を実施し、そこで実地のマーケティング調査を行うことにした。全国販売を睨んだ先行発売というのは、同社のビール事業では初めての試みであった。

九州での先行販売に際しての基本スタンスは、第一に、新ジャンル・新分野であるといった新奇性は必要以上に訴求せず、サッポロビールが真面目に作った商品であることをアピールすること（新奇性に関してはパブリシティを活用）。第二に、生活者にもっとも響くと思われる価格の安さに力点を置くこと、とした。

新奇性を強調しなかったのは、ニッチ商品とみなされ販売量が限定されるのを避けるためである。主要ターゲットも、「ビール・発泡酒ユーザー」に設定した。売場も、できるかぎりビール・発泡酒売場に置くこととした。また、価格は安くても、商品に対するこだわりがあることを示すために、値引き販売はせず、一二五円売価を維持できるよう努めた。さらに、事前の試飲調査で高い購入意向があることがわかっていたので、サンプリングも徹底して行った。スーパーなどでの本部商談には、工場の製造部長が積極的に立ち会って、流通に向けて画期的新商品であることを充分に説明することに努めた。

こうした導入時マーケティングの結果、コンビニでの発売開始から五週間の売上げで、最近発売した同社の商品のそれを大きく上回り、順調な売れ行きを見せた。だが、スーパーでは、発売当初は高い売上げを示したものの、三週間目あたりから売上げが停滞する傾向が見られた。この種の停滞傾向は、発売当初は売れるものの定番化できずに終わる商品の特徴だということがわかっていたので、急遽《きゅうきょ》そこで原因究明を行った。

市場を分析した結果、購入理由としてあがってきたのは、①「新製品だから」がトップで、「おいしそう」とか「パッケージが好き」など製品そのものの魅力をあげる人が少なかったこと。②味覚に対してもあまり良い評価が得られていないことであった。ただ、実際に飲用した人は、「軽い」「独特の味わい」「さっぱり」「さわやか」など、ドラフトワンの製品としての特徴を評価しており、製品そのものの方向性は間違っていないことも同時に確認できた。

また、広告自体の認知は高かったが、それがブランド認知に結びついていなかったこと。導入一カ月後の調査では、CM認知度はかなり高かったが、ドラフトワンというブランド名の認知度は半分に達していなかったこと。飲用経験となるとかなり低い数字であったこと。その前に出した発泡酒「生搾り」の場合に比べても、これらの数字はもう一つであった。これも全国展開する上で大きな課題となることが示された。

3　ドラフトワンの全国導入

こうした調査結果を踏まえて、サッポロビールはドラフトワンの全国導入に踏み切ったのだが、コミュニケーションの方針は修正した。

ターゲットは、価格志向層という当初の仮説に拠るのではなく、「ライトユーザーを含めた広い生活者層」を対象に置いた。というのは、グループインタビューを通じて、「軽い」という評価は決して悪い意味ではなく、積極支持層では「軽い味は悪くない」と評価していることがわかったからだ。また、九州でのＣＭでは、「低価格が連呼され、どんな味なのか理解されなかった」という問題点もあった。あるいは価格訴求も、「三〇％くらい安くなければインパクトはない」という判断もあった。

宣伝の方向をどうするかについては、最後まで議論が紛糾した。その理由の一つに、〈ドラフトワン〉の市場分野が定まらなかったことがある。「新アルコール飲料」を謳い文句にするのか、あるいはあくまで「第三のビール」であることを謳い文句にするのかが定まらなかったのだ。結局は、「初体験のすっきり生」という先行発売で用いたメッセージをそのまま使うことになった。

そうした経緯を経て、全国発売のテレビＣＭでは、(1)低価格の根拠がビールや発泡酒に比べて酒税の負担が少ないことにあることをきちんと説明し、(2)味についてはビールでも発泡酒でもない新しいジャンルの味であることを訴え、(3)麦も麦芽も使用していないことを強調することにした。

「低価格のなぜ」（酒税が低いから）と「すっきり味のなぜ」（麦も麦芽も使わない新製法だから）の二つの「なぜ」をキャッチコピーとするシリーズ広告を展開して、ドラフトワンに対する興味と理解を深めるよう工夫した。そのため、ＣＭの印象も、サッポロの新しい試みを強調した九州のときとはだいぶ違うものになった。

こうして、全国販売に際して、広告では「うまくて安い」をキャッチフレーズに、「スッキリとした飲みやすさ」と「安さの理由」を前面に押し出した。販促活動では、「飲んでもらえばその良さがわかってもらえる」ことが九州の先行販売で実証されたのを受け、「一〇万人無料お試しキャンペーン」や店頭での試飲会などサンプリング活動を徹底的に行った。また、九州では店頭で目立たない等の意見が多かったため、営業サイドの協力の下、大量陳列にも力を注いだ。

そうした工夫が功を奏し、認知率が大幅に改善され、価格の安さが起爆剤となった初期購入以降も、安定した売上げを確保した。購入理由も、「新製品である」ことよりも「価格の安さ」が高くなっており、また、「味に対する興味」など商品特性を購入理由にあげる人も増えた。ドラフトワンの特徴が上手く伝わったと言えるだろう。その結果、当初の販売目標一〇〇〇万函をクリアし、二度の上方修正の後、最終的に初年度一八一六万函の売上げを達成するに至った。

†マーケティング上のいくつかの判断

ここまでの議論を整理しておこう。いくつかのマーケティング上の判断があった。第一に、先行販売という慎重なマーケティングを選んだこと。競合企業の追随の可能性を考えると、最初から全国販売を目指す方が良い。だが、マーケティングを逐次修正する可能性や供給量の調整が重要だと考えれば、逐次導入の方が良い。状況により、どちらかを選ばなければならない。サッポロにとっては、先行販売のやり方を選んだことで、いくつかの修正点が見つかり、それがその後の全国発売の成功をもたらした。その点では、先行発売をうまく利用したといえる。

第二に、ドラフトワンを、「第三のビール」という分野に置いたこと。第三のビールという分野に置くのか、それとも新アルコール飲料分野に置くのか、これも大事な判断だ。ここでは、諸般の事情を考慮して、「ビールに近い飲料」というポジションが選ばれた。新しい分野の新商品を市場導入して、それなりのポジションを獲得するやり方もなくはない。大塚製薬がポカリスエットで成功したやり方はそれだ。ただそのやり方は、成功すると成果は大きいが、そのためには息の長い投資が必要になる。他方、生活者が慣れ親しんだ枠組みに沿って商品導入すると、生活者の理解も早い分だけ、市場への浸透も早い。しかしその反面で、既存の商品との競合が起こることが予測され、その分だけ得るべき成果は小さくなりそうだ。サッポロは、ここは無理をせず、「ビールに近い飲料」というリスクの少ない方策を選んだ。それが、ドラフトワンを導入間もないヒットに導いた一因であった。

こうして、第三のビールという新市場分野を新たに創造し、そこでポジションを得たサッポロ・ドラフトワンだが、もう一つの選択が迫っていた。

4　新ブランド〈スリムス〉の導入

ドラフトワンの市場導入に成功したサッポロは、アルコール飲料事業に関して、四つの事業分野をもつことになった。第一分野は伝統的な「スタンダード・ビール（黒ラベル、クラシックなど）」。第二分野は「プレミアム・ビール（ヱビス、チルド系ビールなど）」。第三分野が「発泡酒およびその他雑種（北海道生搾り、ドラフトワンなど）」。そして第四分野が「ビール以外のアルコール飲料（カクテル系アルコール飲料など）」の部門である。この組織は、いわゆる製品分野別に分化した組織である。

ドラフトワンは、「発泡酒およびその他雑種」を担当する第三事業分野部門に属している。ドラフトワンの成功によりこの部門の相対的比重が上がった。ここで、同部門はドラフトワンに加えてさらに、新ブランドをこの「第三のビール市場」に投入した。アサヒビールとキリンビールが時を同じくして、この市場に参入してきたのに対抗するためだ。

当時の新聞は、その事情を次のように伝える。「同分野で初めてカロリーや糖質を低く抑えたのが特徴。小売店の陳列棚から商品を撤去されたりスペースを小さくされる『棚落ち』を防ぐため、ドラフトワンで創造した市場にすぐさま新商品を投入。『パワーゲームをしたら負ける』（福永社長）と認識する同社ならでは機動的戦略を進めている」（日経産業新聞、二〇〇五年八月一一日）。つまり第三のビール市場のパイオニアとしての優位性を維持するために、他社よりも一歩先んじて、新ブランドを用いて店頭を押さえようとしたのであった。

それは、〈スリムス〉という名のブランドである。二〇〇五年五月に関東甲信越で先行販売し、六月に全国販売を開始した。スリムスは、ドラフトワンと同様、エンドウたんぱくを使用した商品だ。スッキリとした飲み味に、発泡酒市場で注目されていた機能性を付加したもので、「第三のビールの健康系バージョン」と位置づけられた。

さて、サッポロが、苦心の開発、苦心のマーケティングを通じて、短期間のうちに築き上げた新製品市場分野。それに対して、アサヒとキリンが満を持して、それぞれ新商品を導入した。この状況でのサッポロにとっての選択肢は、少なくとも二つあったと言える。

一つは、サッポロが実際そうしたように、セカンド・ブランドを導入する道。もう一つは、ドラフトワンにいっそうマーケティング投資を重ねる道である。「第三のビール」という製品分野を強化するか、〈ドラフトワン〉というブランドを強化するかの分岐点だ。

ここでサッポロは、セカンド・ブランド導入を選択した。それには、そうあるべくする重力が働いていた。つまり製品分野別に分化していたサッポロビールの組織は、〈ドラフトワン〉の市場地位を守ることよりも、「第三のビール」という製品分野の市場地位を守りたいと考える組織であったということに注目したい。組織の戦略の焦点は、製品分野に置かれていたのである。

5 製品分野のマネジメント

サッポロビールは、どうして新ブランドを追加しようと考えたか。理由は、ライバルが現れたから。そして、それにより陳列棚のスペースが小さくならないようにするためだった。みずからが切り拓き独占していた小売店頭の「第三のビール」陳列棚が、競合ブランドが二つも現れることで、悪くすると三分の一に縮小してしまう。そこで、もう一つブランドを出しておけば、うまくすると半分の陳列スペースをとることができるかもしれない。こんな思惑を、サッポロはもったのだと思われる。

その手で危惧されるのは、既存ブランド〈ドラフトワン〉との共食いである。新しいブランドが、せっかく作り上げた既存ブランドのシェアを食ってしまっては話にならない。サッポロビールのマーケティングチームも、慎重な棲《す》み分けを考えた。その一つとして、新しいブランド〈スリムス〉には、健康という機能性を付加したことは、大事な工夫である。

こうした判断、つまりここでセカンド・ブランドを追加しようという判断は、分野別に分化した組織体制を築いているからこそ出てくる判断である。当時のサッポロは、すでに述べたように、部門が四つの製品分野に分かれており、それぞれの分野ごとに、製品・ブランドのマーケティング責任をもつという体制を敷いていた。そこで、新ビールテイスト飲料を扱う第三事業分野部門が、自身の市場地位を維持するために新ブランドを導入するというのは、なんの不思議もない話だ。

だが、もし製品分野別の体制ではなく、ブランド別組織なら、こうはならないように思う。サッポロのこの部門体制は、どちらかというと営業を主軸とした体制だ。したがって小売店頭の棚割の獲得、そのための小売店への売り込みが課題になる。決してブランドを主軸とした体制ではない。いわば、「製品分野の成長が主で、ブランドの成長は従」の体制だ。戦略に先立つ組織体制のありようを理解すると、サッポロの新ブランド導入も腑に落ちるものとなる。

ブランドの全責任をブランド・マネジャーがもつというブランド別組織については以下の章で紹介するが、もし、同社がブランド別組織を採用していたなら、たぶんここで新ブランドを投入することはなかっただろう。ブランド・マネジメントの企業ならばおそらく、ドラフトワンというブランドは、導入後時間が経っていないため、その市場にいる生活者の心の中にまだ十分なポジションができていないと理解するのではないだろうか。その分、スリムスというセカンド・ブランドを導入するリスクは小さくないと考えそうだ。ドラフトワンが、「第三のビールと言えば、ドラフトワン」といった確固たる評判を得たときに初めて、セカンド・ブランドを導入するチャンスが生まれる。そのときであれば、少々共食い効果が生まれても、ドラフトワンブランドのトップの座は安泰だ。そう考えると、まずは現在のブランドのポジショニングの確保のために積極投資を図るはずだ。

6 学びたいこと

このタイミングで新ブランドを投入すべきかどうか、実際の判断はたいへん難しい。それには、さまざまの要因が関わる。その一つの要因が、組織体制である。ここでは、組織体制が、製品分野別かブランド別かによって、選ばれる道は違ってくる可能性を確認しておきたい。

企業が顧客に対応する上で、代替的な組織体制があることを知っておくことが重要だ。戦略立案者にとって怖いのは、「この道しかない」という視野狭窄《きょうさく》に陥ることである。組織のタイプは一つではないことを知って、複数のオプションが見えていれば、そうした事態に陥らずに済む。

第8章 ポジショニングを通じてブランド・エクイティを確立する

これまでの二つの章から、同じように「ブランドにこだわる」と言っても、コーポレートあるいは製品分野にこだわる場合と、商品にこだわる場合とでは、ずいぶん生活者や市場に向けての手の打ち方が違っていることがわかった。

以下の三つの章では、商品レベルに焦点が移る。まずは、商品ブランドを成長させていく上で、どのような工夫が必要になるのかを探る。カギとなるのは、「ポジショニング」と「ブランド・エクイティ」の概念である。この章ではファブリーズのケースを紹介する。

1 ニッチを狙ったファブリーズの市場導入

一九九八年に、P&G社は、布製品用のスプレー・タイプの消臭剤としてファブリーズを日本市場で導入した。ファブリーズは、それを衣類にスプレーすることで、布にしみついた臭いが消えるという効能を謳って、アメリカでヒットした商品である。だが、日本ではどちらかというとうまくいかないのではないかと考えられた。というのは、アメリカの生活スタイルと日本のそれとは、かなり違っていると思われたからである。

自宅で靴を履いたまま生活するアメリカ人と、靴を脱いで生活する日本人。大きい犬を自宅で飼うアメリカ人と、その習慣があまりない日本人。カーペットの上で生活するアメリカ人と畳の上で生活する日本人。こうした生活スタイルの違いを反映して、アメリカ人に比べて、日本人が生活の中で布製品の臭いに対して敏感になることは少なく、その分、ファブリーズを使う機会は限定的ではないかと思われた。

さらに日本では、室内用の消臭製品としては、置き型の消臭剤が一般的であり、部屋の中で臭いをとるためにスプレーをかけるという習慣自体が馴染みないものだった。つまり、それまでの常識に基づき、日本における衣料用消臭スプレーの市場は、限定的なもの（ニッチ市場）になると思われた（栗木契ほか編『売れる仕掛けはこうしてつくる』日本経済新聞社、二〇〇六年）。

実際、この商品を発売したP&Gに対して、ライバル企業は、その理由をいぶかしんだくらいだった。「P&Gがそのような小さい市場に、どうして参入するのか」と。実際、すでに複数の日本企業が、その分野で先行して衣料用消臭スプレーを販売していたが、しかし、その市場規模はわずか二～三億円程度だったのである。

ところが、それらライバルメーカーの予想を裏切って、P&Gは大胆なマーケティング予算の投入を行った。車の中の臭いやソファに付いたペットの臭い、カーテンに付いた焼肉の臭いなどを「ファブリーズ」を使ってとるという、限定的だが非常にわかりやすい内容のテレビ広告を大量に流したのである。

CMの内容からわかるように、発売当初の「ファブリーズ」のターゲットは、喫煙者やペットがいる家庭、車の臭いが気になる人たちといった、「布の臭いを消したい」というニーズをあらかじめもっていた人たちであった。P&Gのファブリーズのブランドチームは、まずそうした人たちに対して、「洗いにくい布の臭いをとる」という効果を徹底してアピールしていったのである。

しかし、そのターゲットである「布の臭いを消したいというニーズをあらかじめもっていた人たち」は、先に述べたような日本人の生活を考えると、それほど多くはないと予想される。実際、ファブリーズに関心を示したのは一部の人たちにすぎなかった。この限定的な市場を相手にしている限り、売上げを効率的に伸ばしていくことが困難なことは、誰の目にも明らかだった。

そうしたこの市場の可能性とは別に、ブランドチームは、最初にP&Gがニッチ市場へとマーケティング予算を集中的に投入して成功を収めたことは、その後のファブリーズのマーケティングにとって二つの重要な意味をもっていたと考えた。

第一に、「布の臭いを消す」という製品分野において、ファブリーズの地位は揺るぎないものとなったことである。限定分野ではあったが、それが故に、他社はマーケティング予算の積極的な投入をためらった。その間に、P&Gは、市場規模の何倍何十倍もの広告投資をすることによって、他社に先んじて独占的な立場を築き上げることに成功した。「布用消臭剤と言えばファブリーズ」と、その商品名がこの市場の代名詞のような存在になった。言い換えると、ファブリーズは、小さい池の大きい魚となって、布用消臭市場において他のどのメーカーも奪い取ることができないような確固とした定位置を獲得したのである。

第二に、このニッチ市場の周辺には「室内消臭剤」と「室内芳香剤」という、それぞれが一〇〇億円以上の規模をもつ、二つの大きな市場が隣接していた。ファブリーズという製品の特性を考えると、さらにそのターゲットを、この二つの市場へと拡張していくことができそうだった。P&Gのファブリーズ・ブランドチームは、当初からこの市場拡張の可能性を睨んでいたのであろう。そう考えることで、ファブリーズの発売当初、ニッチ市場に向けて大きなマーケティング予算が投入されたことが腑に落ちる。

2　新市場を狙うファブリーズ

ファブリーズのブランドチームは考えた。「日本人には、布の臭いに対して確としたニーズは無いかもしれない。だが、部屋の臭いについては敏感だ。あとは、その部屋の臭いの原因は布の臭いだということを啓蒙すれば……」と。

だが、その道は容易にたどり着けるわけではない。第一に、部屋の臭いをとりたいと考えている生活者に対しては、先に述べたように、すでに他社からさまざまなタイプの消臭剤や芳香剤が販売されていて、テレビ広告も活発に行われていたからだ。布用消臭スプレーとは異なり、室内消臭・芳香剤の市場は、各社が力を入れる競争の激しい市場だった。

そして、第二に、「部屋の臭いを気にする生活者」は、部屋全体の臭いをとりたいと考えているのであって、布製品の臭いをとりたいと考えているわけではなかったためである。確かに、ファブリーズは、布製品に対する消臭機能という点では優れた特性をもっていた。だが、いくらこのことをアピールしてみても、部屋の臭いを気にする生活者の関心をすぐに引くものでないことは、当初の限定的な市場に向けたマーケティングの結果を見ても、明らかだった。

しかし、P&Gのファブリーズ・チームはあきらめなかった。彼らは、「部屋の臭いをとりたい」というニーズをもつ生活者に対して、その原因の大半は布からだと知らせることによって、彼らのニーズを「布の臭いをとりたい」というニーズに転換させようと試みた。「料理の臭いが布について、その布のせいで部屋が臭う」、「汗の臭いが布に付き、その布のせいで部屋が臭う」といったメッセージが、テレビ広告を通じて繰り返し流された。その結果、「部屋の臭いの原因は、布製品の臭いだ」という考えが、生活者のあいだで徐々に浸透していった。

その結果、状況は一変した。ひとたび「部屋の臭いの原因である、布製品の臭いをとりたい」というニーズが生まれれば、ファブリーズが優位性をもつことは明白だった。独壇場だと言ってもよい。競合するメーカーは、部屋を消臭するとか芳香するという機能を訴えても、とくに布の臭いを抑えるという機能は訴えてはこなかったからだ。こうして、「ファブリーズ」を試し買いする人の比率（トライアル率）は急増した。

P&Gのファブリーズ・チームは、その巧みな訴求によって、ファブリーズを、二〜三億円の小さい市場の独占商品から、一〇〇億円近くを売上げる一大商品へと育て上げた。その後も、ファブリーズ・チームは、「ファブリーズ除菌プラス」の発売により、さらに新たな購買層を取り込んだり、「やさしく香るファブリーズ」「さわやかに香るファブリーズ」の発売により、室内芳香剤市場に向けた拡張を行ったりした。こうして、ファブリーズは、発売後二年間で、機能・香りの異なる四種類の製品ラインナップを揃えたシリーズ商品へと成長していったのである。

3 学びたいこと

少なくとも三つの大事な話が、このファブリーズの成功ケースの中に隠れている。「ポジショニング」と「コマーシャル・イノベーション」、そして「ブランド・エクイティ」がそれである。

†ポジショニング

ファブリーズは、布用消臭市場への参入に成功した。しかも、「布用消臭といえば、ファブリーズ」という評判を獲得した。評判は広まり、「ファブリーズする」という造語まで世に浸透しているという。他のメーカーのどの商品も及ばない確固とした位置を、生活者の頭の中に刻み込んだわけである。

すでに触れてきたように、生活者の頭の中に確固としたポジションを獲得することを、「ポジショニング」と呼んでいる。その意味で、ファブリーズは布用消臭市場において生活者の頭の中にそのポジションを確立することに成功した。

読者の皆さんも、身の回りで、製品分野の代名詞になっている商品を考えてみよう。カルビーのポテトチップス、コカ・コーラ、ポカリスエット、フジッコのおまめさん、明治ブルガリアヨーグルト、ネスカフェ、スーパードライ……。食料品の世界では、そうした商品のオンパレードだ。そして、そうした生活者の頭の中のポジションを獲得した商品の多くは、当該分野ナンバーワン商品でもあるだろう。

しかもファブリーズは、そのポジショニングの力を利用して、対生活者コミュニケーションを工夫しながら、近隣市場への参入を図った。つまりコマーシャル・イノベーションを図ったのである。

†コマーシャル・イノベーション

「布の臭いをとることで、部屋の臭いをとる」、このちょっとしたメッセージ上の工夫が、ファブリーズの大きい成功をもたらした。「布の臭いをとる」という直接のニーズよりもより高次のニーズである「部屋の臭いをとる」に働きかけることで商品と生活者との関係を変えたわけである。ちょっとした、しかも焦点の合ったコミュニケーションを行うことによって、商品と顧客との関係を変えることができるのだ。商品と顧客との関係を変えることができれば、技術革新を伴わずに大きな市場を獲得することができる。マーケティングの世界は、ちょっとした言葉の工夫で、大ヒットに結びつく可能性をもった繊細な世界なのである。

別の例をあげると、〈キットカット〉がそうである。キットカットは、二〇〇〇年以降、「キットカット」と「きっと勝つ」の語呂合わせを間接的にアピールすることで、受験生向けの縁起商品として売上げを大きく伸ばした。それまでは、家に買い置きしてある三時のおやつでしかなかったキットカットが、今や受験生の机の引き出しや鞄の中に入る商品という性格ももつようになった。製品や技術の中身は何も変わらなくても、製品と顧客との関係が変わるだけで商品の売上高の成長は可能なのだ。

商品と顧客との関係を変えるこうした試みは、技術上のイノベーションと対比させて、「コマーシャル・イノベーション」と呼ばれる。各社の名うてのマーケターが狙うのは、宣伝や広告やPRといった対生活者コミュニケーションを通じて、コマーシャル・イノベーションを引き起こすことである。

†ブランド・エクイティ

ファブリーズが最初に参入した市場は当初、数億円規模と予想された市場であった。だが、近隣市場を巻き込むことによって、ファブリーズは一〇〇億円を超える売上高へと拡大した。

しかも生活者は、布製品や部屋を消臭することを、「ファブリーズする」、あるいは縮めて「ファブする」と呼ぶようになっていた。ファブリーズという名前が布用消臭市場において知れわたっただけでなく、市場が布製品の消臭の壁を破って、部屋の消臭へと広がりを見せるにつれ、日本中の生活者に知れわたることになったのである。抜群の知名度と、「布用消臭と言えばファブリーズ」、「部屋の消臭にはファブリーズ」といった風に、それぞれの市場カテゴリとの強い絆をもった「カテゴリ典型商品」に育っていったのである。多くの主婦は、家族の者に、「布用消臭剤を買ってきて」という代わりに、きっと「ファブリーズを買ってきて」と言うことだろう。ちょっとした日常の風景だが、ここまで生活の中にポジションを獲得できるのは大変なことである。生活者の頭の中には、ファブリーズの名前が確かに刻み込まれた。

頭の中に刻み込まれた名前に対して、競合メーカーが、そのポジションを切り崩し、代わって自分の商品の名前を刻み込もうとすると、大変な努力と投資が必要になる。その意味で、「市場で知れわたった商品名」、しかも「市場カテゴリとしっかりと結びついた商品名」は、企業にとって競争上の優位をもたらす貴重な財産となる。

つまりP&Gは、ファブリーズをヒットさせることを通じて、〈ファブリーズ〉という名の「市場財産」を蓄積することになったのである。市場に向けていろいろな手を打つ中で、その商品名が周知され、その名前から良い連想あるいは市場との絆が作り出される。打つ手が市場

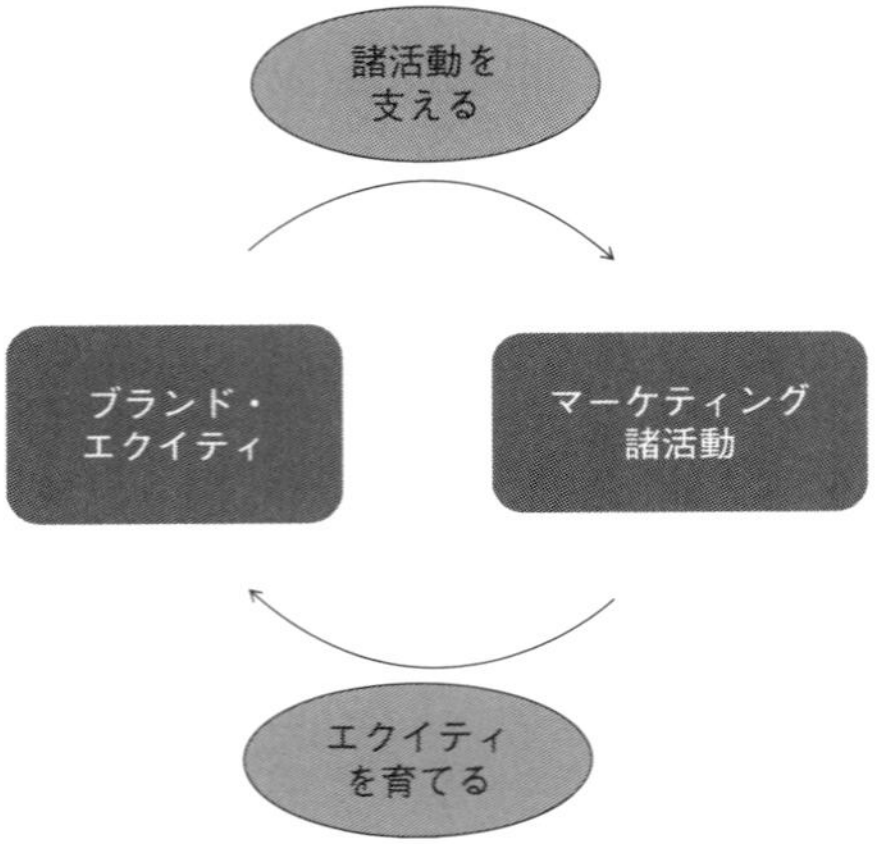

ブランド・エクイティとマーケティング活動との循環

財産となって、次の打つ手のベースになる。このような好循環が起こればしめたものである。こうして市場で作られる商品名という財産を、ブランド・エクイティと呼ぶ。

マーケターの目標とするところは、売上げや利益などいろいろある。その中で、マーケター独特の目標というと、この「ブランド・エクイティを市場の中に確固としたものとして構築すること」、これに尽きるだろう。

4 新しい成長経路の模索：ブランド拡張

さて、いくつかの教訓を学んだところで、ここで一つ問題である。

P&Gは、ファブリーズの系列品を出すと共に、次に、新たに「置き型の消臭剤」の市場開拓を狙う。その新商品は、〈置き型ファブリーズ〉と名付けて発売された。

経緯を解説するとこうである。ファブリーズは、スプレー型消臭剤市場で圧倒的なシェアを獲得した。しかも、知名度やブランドの理解度の点で市場財産＝ブランド・エクイティの構築に成功した。そのファブリーズが、次なる展開を図る。確立したエクイティを利用して、置き型ファブリーズへとブランド拡張を行おうとするわけである。置き型ファブリーズは、部屋の消臭機能という点では、スプレー型ファブリーズと共通するが、もちろんのこと置き型のそれは直接、布製品に向けて消臭作用を及ぼすわけではない。

それだけではない。P&Gは、ほぼ時を同じくして、さらに「ニオイの専門家ファブリーズとの共同開発により、柔軟剤として初めてニオイが防げるようになりました」と謳って、柔軟剤レノアと共同でのブランド作りも図った。つまり他の製品分野に向けて、ファブリーズというブランドの拡張を始めたのだ。

さて、皆さんは、この試みを、どう評価されるだろうか。この置き型は、衣類の消臭機能をもったスプレー型ファブリーズとは、消臭という点では同じでも、技術も違えば、使われる生活の局面も違う。しかも、その分野の競合メーカーは、昔からその商品を発売していて、多数にのぼっている。

P&Gのファブリーズは、そのブランド・エクイティを使って、技術の違いをいささか強引に乗り越えようとしている。もし、あなたが、ファブリーズのブランド・マネジャーであれば、〈置き型ファブリーズ〉の発売にゴーサインを出すだろうか？

あらためて、ブランド拡張の成否について、第9章と第10章で検討しよう。

第9章 ブランドを拡張する

前章では、ファブリーズが日本の消臭市場においてポジションを確立し、その後一種のコマーシャル・イノベーションを巻き起こし、そして〈ファブリーズ〉というブランド・エクイティを作り上げたケースを紹介した。そして、ケースの最後では、〈ファブリーズ〉が新たな成長策を考えているところを示して終わった。〈ファブリーズ〉が試みようとしているのは、ブランドの拡張と呼ばれる方策だが、それは、いったいどのような戦略なのだろうか。本章では、それがテーマになる。

1 ブランドの拡張

ブランドの拡張とは、「すでに生活者の間でよく知られた商品ブランド名を、異なるカテゴリの商品にも付ける試み」である。高級バッグを販売していた「ルイ・ヴィトン」は、この一〇年ほどの間に、スーツなどアパレルにも進出した。高級バッグで築き上げた〈ルイ・ヴィトン〉のブランドを、それとは違った製品分野のアパレルに拡張したのだ。その結果、今は、高級ファッション・ブティック店として、都心の各所に店を構えている。

男性用では、「ダンヒル」もそうだ。もともとは、たばこやパイプ、ライターなど喫煙具を専門に扱っていたが、今は、男性用小物からネクタイ、さらにはスーツなど重衣料にまで広がっている。これらすべての商品に、〈ダンヒル〉の名が付けられているのはご存知の通りである。「カルティエ」や「シャネル」なども同じだ。こうした欧米の高級品・有名品店は、取扱商品を広げると共に、そのブランド名を、まるで「傘（アンブレラ）」のように広げてさまざまな扱い商品に被せている。そして、全体として成長を遂げている。

高級品ばかりでなく、最寄り品でも、良品計画が〈無印良品〉ブランドの拡張を進めている。割れ椎茸《しいたけ》など、「品質としては問題ないが、工程の途中で傷ついた商品」を販売したのがことの起こりであり、それらの商品には、「わけあって安い」というコピーが付けられて人気を呼んだ。だが、その人気に継続的に応えていくのは実は難しい。というのは、割れ椎茸にいくら人気があっても、割れ椎茸を生産するわけにはいかないからだ。無印良品はそこで、工程を省く、包装を簡略化するといった工夫を発展させて、「シンプルな生活」を提案することにした。それと共に、商品ラインを拡げ、食品から文房具、トイレタリー、化粧品、アパレル、下着、食器、調理器具、電機製品等々、日常の生活に必要な商品が「無印良品」の名前で売られている。最初の商品名を次々に新しい商品に付けていくこうしたやり方は、ルイ・ヴィトンと同じやり方、すなわちブランド拡張である。

さて、築き上げたブランドを他分野にも拡張することは、会社の成長戦略において重要な一つのやり方だ。現に、先の会社は、そうした試みにより成長してきた。

身近な商品においても、この成長戦略がよくとられる。たとえば小林製薬は、ドラッグストアに並ぶような薬や家庭用品関連商品を次々に開発する大阪の元気の良い会社だ。その商品の一つに、喉の消毒殺菌用商品があり、〈のどぬ～る〉という名前を付けた。喉を痛めたときに塗る薬ということを、わかりやすく商品名にしたものであり、薬の効能や用途がわかりやすいせいもあって人気商品となった。そこからブランド拡張が始まる。扁桃炎・扁桃周囲炎に〈のどぬ～るガラゴック〉、さらに〈のどぬ～るスプレー〉や〈のどぬ～るトローチ〉。のどぬ～るを喉に塗布するときに使う綿棒が〈のどぬ～る綿棒〉。このあたりは、どういう商品か、わかる。だが、〈のどぬ～るマスク〉や〈のどぬ～るぬれマスク〉も発売されている。気持ちはわかるが、初めて聞くとちょっと驚くかもしれない。

同じ大阪の会社で、マンダムという会社がある。男性用化粧品市場で、大会社の花王や資生堂に伍して戦っている会社だ。昔は、丹頂という名前の会社だったのだが、マンダムという化粧品を発売したときに、映画俳優のチャールズ・ブロンソンを起用したCMが大ヒットして、それを生かして会社名をマンダムに替えた。最近のマンダムは、ブランド拡張を通じて成長してきている。

たとえば、マンダムには、〈ルシード〉というブランドがある。ヘアスタイリング、スキンケア、ヘアカラーリング、ヘアケア商品をそのブランドの傘の下に抱えている。「社会人の毎日を快適にする、香らないブランド」というのが、そのブランドメッセージである。さらにもっと広く商品群を抱えたマンダムのブランドに、〈ギャッツビー〉がある。今は、木村拓哉をCMに使っていて、若者に人気のブランドだ。ヘアスタイリング、ヘアケアから始まって、ボディケア、フェイスケア、フットケア、シェイビング、フレグランスまで揃っている。

別の業界の例をあげると、パソコン業界でも、このブランド拡張のケースを見ることができる。海外から五万円台の低価格パソコンが日本市場に押し寄せてきて、日本メーカーもその対応に苦慮している。その中で、富士通は遅ればせながら二〇〇九年の春にこの市場に参入した。このとき、自身のパソコンブランド（ＢＩＢＬＯ）の拡張を行っている。はたしてその試みは成功するのだろうか。

2　ブランド拡張の利点

ブランド拡張には、多くの有利な点がある。第一に、すでに生活者に周知された名前を付けるので、少ない宣伝費で新商品の名前を周知させることができる。流通業者に対しても、同じ名前だと信用されやすい。

第二に、店頭で、同一ブランド商品を並べて販売できる。ドラッグやコンビニやスーパーで、小林製薬やマンダムの先のブランドが同じ棚に並んで陳列されているなら、そしてヨドバシやヤマダ電機でＢＩＢＬＯラインが並んで陳列されているなら、名前を同じくしたブランド拡張効果が生まれている。

第三に、拡張されたブランドは、うまくいけばより深い価値を提唱できる。割れ椎茸を売るだけでは、「無印良品」の名前から受ける印象は「値段の安さ」しかない。その商品だけで、〈シンプル〉とか〈自然〉とかという生活のスタイルや価値を提唱するのは少し難しい。だが、文房具やアパレルが投入され始めると、〈シンプル〉とか〈自然〉といった価値も提唱しやすくなる。欧米の高級ブランドも同じことだ。バッグだけのルイ・ヴィトンと、同じ名前でアパレルも売っているルイ・ヴィトンとでは、われわれのもつイメージは違っている。ブランド拡張を通じて、より深いブランド価値を提唱できるようになる。欧米の高級ファッションブランドは、こうした効果を狙っている。

有利な点ばかりで、しかも簡単そうに見えるので、それを試みる企業は少なくない。しかし、なかなかうまくいかないのが現実だ。

3 ルックJTBのブランド拡張

JTBの海外パッケージツアー商品の看板ブランドは、〈ルックJTB〉である。その名は周知され、その商品への信頼も厚いだけに、JTBにとっては、貴重な財産である。JTBは、そのエクイティを活かすべく、統合や拡張を試みてきた（高橋一夫「海外主催旅行商品におけるブランド拡張の考察」大阪府立大学大学院経済学研究科修士論文、二〇〇三年）。

†ルックJTBへのブランド統合と拡張

JTBは、パッケージツアー商品としての〈ルックJTB〉の導入以降、第二ブランドとして〈パレット〉、さらに第三ブランドとして〈ナヴィ〉というブランドの体系をもっていた。しかし、三つのブランドを別々に運用するには、それなりのコストがかかる。

たとえば、ホノルル空港に到着後、市内観光とホテルまでの送迎をする際に、ブランドが三つあれば、バスを三台用意しないといけない。というのは、ブランドごとに区別を設けないと、せっかく高級ブランドを購入したのに扱いが一緒というのでは、お客さんから不満が出るからである。これがブランド一つだと、バス一台で済ませることができる。こうした現地でのオペレーション以外でも、ブランドを一本化できれば、商品企画・造成・仕入れ・販売も簡素化でき原価を下げることができる。JTBは、こうしたコスト面を考えて、ブランドを〈ルックJTB〉に一本化し、加えて、廉価版の〈JTBスペシャル〉の二つで対応することにした。

だが、それだけでは、熟年向け高級路線を追求する専門業者や、JALやHISなどの製販一体企業の攻勢、さらには若者に絞って徹底した低価格路線に賭ける企業に対抗するのは難しかった。JTBは、そこで、あらためて〈ルックJTB〉ブランドの拡張を図った。

〈ルックJTB〉ブランドを拡張して、三つのサブブランドをもつことにした。高級ツアーを提供する〈ルックJTBロイヤル〉、基幹商品となる〈ルックJTBレギュラー〉、そして廉価版の〈ルックJTBスリム〉がそれである。二〇〇〇年から二〇〇二年にかけて、これらのブランドが順次発売された。当時の新聞記事に拠れば、JTBが想定する予想ブランド構成シェアは、〈ロイヤル〉が五%、〈レギュラー〉が七五%、そして〈スリム〉が二〇%となっていた。

しかし、この三つのブランドの中で、現実には〈スリム〉が予想以上の売れ行きを示すことになる。〈スリム〉の社内シェアは三五％にも達した。逆に、〈ロイヤル〉は一％前後で低迷した。さらに二〇〇三年には、ルックＪＴＢの取扱人数の伸びが、日本人の海外出国者数の伸びを下回る結果となるに及び、ルックＪＴＢないしは〈ルックＪＴＢ〉ブランド自体の価値が衰微している可能性も指摘されるようになった。

このケースには、ブランド拡張に関するいくつかの教訓が潜んでいる。

第一に、自社の看板ブランドで、しかも市場に鳴り響いたブランドであっても、市場においてそのポジションを安定して持続させることは難しいということである。ときには、デフレ状況の中でコスト逓減《ていげん》・価格訴求を狙って、商品統合ないしはブランド統合が必要になる。あるいは、強豪競争相手が盛んに新しい価値をもった商品を投入してくれば、それに合わせて逆に、商品バリエーションを広げていかないといけない。商品のバリエーションを広げるだけでは、生活者へのアピールが小さいと思えば、商品バリエーションの拡張に合わせて新ブランドの投入ないしは既存ブランド拡張が必要になる。

つまり、確立したブランドであっても、ブランド統合、ブランド拡張、あるいは新規ブラン

†ブランド拡張のリスク

ド導入といった選択肢を、市場変化に合わせていろいろと選び直さないといけないということである。ブランドのポジショニングを確立したからといって、安心はできない。市場は、生き物のように成長し変化する。企業はそれに対して、油断することなく適応を図っていかないといけないのである。

第二に、ブランド拡張には、コストとリスクが潜んでいることである。新商品に既存ブランドの名前を付けるだけのことなので、コストがかからず比較的容易に実施できそうに見えるが、決してそうではない。悪くすると、〈ルックＪＴＢ〉のケースに起こったように、サブブランド同士の共食いや、低価格ブランドに生活者を過剰に誘導してしまうというコストやリスクを招くことがある。

第三に、拡張した先の分野で、その分野のメガブランドと競合することになる可能性が少なくないことである。ブランド拡張は、拡張する企業にとっては新しい分野への進出だ。しかし、その試みが、世の中にとって新しいかどうかは別の問題だ。先に述べた五万円パソコンの場合、その市場にはすでに日本に進出した外資系企業が活躍している。いわば、自分にとって新しい分野でも、相手にとっては勝手知ったる分野なのである。加えて、もし、この新分野ですでにポジションを確立したブランドが存在するとすれば、戦いはかなりつらい状況になる。生活者の頭の中に刻み込まれたそのブランド名を、自身のブランド名に置き換えないといけないからだ。

最後に、ブランド拡張がうまくいかないと、本体ブランドのエクイティに影を落とすことになる。拡張失敗の烙印を押されたブランドは、評判の低下をもたらす。ブランド・エクイティは拡張の原動力であるのは確かだ。しかも、割れ椎茸からアパレルへとブランド拡張した無印良品がそうであったように、ブランド拡張の結果が良ければ、そのブランド・エクイティは、さらに力を増すことになる。だが逆に、失敗すると、その原動力であるエクイティが逆に衰微することになる。いくたのブランドがそうして衰微していった。

4 学びたいこと

〈ルックＪＴＢ〉ブランドの短い変遷を紹介したが、そこからブランド拡張が成功する前提条件が見えてくる。その第一に、ブランド内での共食い（カニバリゼーション）が起こらないような分野への拡張が、どの程度可能かによって、ブランド拡張の成否が決まる。共食いが、特に高価格帯を犠牲にして低価格帯商品にブランドの人気が傾くという形で現れると、ブランド全体の売上げ規模に影を射すことになる。

第二に、拡張先分野がまだ誕生したばかりで競争があまり激しくないとか、あるいは拡張先にポジションをとった有力ブランドが存在しないというのであれば、ブランド拡張が成功しそうだ。しかし逆に、拡張先に直接競合する有力ブランドが存在していたり、厳しい競争が繰り広げられたりしている市場であれば、ブランド拡張は難しい。しかも、単に失敗するにとどまらず、拡張元のブランドのエクイティを毀損《きそん》してしまうことがありえる。

加えて、第6章のコーポレート・ブランドの話を参照すると、ブランド拡張の成否には、チャネル店頭の管理力が一つのカギを握りそうだということも、気をつけなければならない点だ。ブランド拡張を行って、ブランド名を統一しても、小売店頭でばらばらに別々の売場に置かれてしまえば、同じブランド名をもった甲斐がない。ブランドとして一つのまとまりをもって売場店頭に陳列されることで、ブランド統一の十全の効果が生まれる。

ブランド拡張の大きい成功の果実を得るには、少なくともこうした条件が満たされないといけない。もっとも、小さい成功で十分だという場合には、この限りではない。時々、清涼飲料市場で成功したブランドが、キャンデー市場に出てくることがある。〈CCレモンタブレット〉(キャンデー)が発売される。〈CCレモン〉に人気が出て知名度が上がると、このように、拡張先が比較的小さい市場で、しかもあまり大きい成功を望まず、本家への跳ね返りもあまりないというかぎりにおいては、ブランド拡張はいつでも可能だ。

第10章 市場カテゴリとブランドとの絆を作る

ブランド拡張への強い誘因がある。ブランドという魔法をちょっとかければ、旧商品であっても売れ行きがグンと増すかもしれない。たとえ売れ行きに貢献しなくても、生活者に周知されたその名前のおかげで宣伝費用はずいぶん助かるし、流通業者の信用も増して店に優先的に置いてくれそう。こんな気持ちで、ブランド拡張が試みられる。しかし、その反面でリスクもあることを前章で指摘した。ブランド拡張の試みに対して、積極的に歯止めをかけようとしている会社も少なくない。そうした会社の狙いを、あらためて紹介しよう。

1 市場カテゴリとの絆

業界ナンバーワン商品は長期にわたって強い。アサヒビールの〈スーパードライ〉は、一九九三年にキリン〈ラガー〉から市場を奪って以来、一六年間ビール市場ナンバーワンの座は揺るがない。滅多に起こることのないトップ交代の悪夢を味わったそのキリン〈ラガー〉も、それまで戦後四〇年間という長きにわたり圧倒的な業界ナンバーワンの座を確保してきた。

炭酸飲料の〈コカ・コーラ〉、高級車の〈ベンツ〉、大型バイクの〈ハーレーダビッドソン〉、インスタントコーヒーの〈ネスカフェ〉、シューズの〈エアジョーダン〉、健康飲料の〈ポカリスエット〉、ピアノの〈ヤマハ〉、ポテトチップスの〈カルビー〉等々、さまざまな業界で、長期にわたって業界ナンバーワンシェアを維持するブランドは多い。そうしたブランドの強さの背景には、言うまでもなく、いわゆる特定の市場カテゴリとの間に緊密な絆（連想関係）が保たれていることがある。

たとえば、「ビールと聞いて、あなたが一番に思い出すブランドは何ですか？」という、市場調査でよく試みられる質問がある。ブランドの知名度を尋ねる質問の一種ではあるが、たとえば、「＊＊というブランドはご存知ですか？」という単純知名の質問とは性格が違う。単純知名は、たんにその商品名を知っているかどうかを聞いているだけだが、前者の質問は、言うまでもなく、特定市場カテゴリとブランドとの絆の強さを確かめる質問である。

さて、生活者は、それほどたくさんの商品名を覚えてはいない。生活者の頭の中には、特定市場カテゴリごとに、たとえば「蚊取り線香なら＊＊」、「男性整髪料なら＊＊」、「胃腸薬なら＊＊」、「携帯音楽機器なら＊＊」といった風に、市場カテゴリと対になった形でブランド名が刻み込まれている。生活者の頭の中にその名前を刻み込むことに成功したブランドが、その市場カテゴリのナンバーワンブランドであることが圧倒的に多い。

企業にとって、特定市場カテゴリとブランド名とのこの緊密な連想関係を確立すること、そして長期にわたって維持し続けることが、マーケティング上の最高課題となる理由はハッキリしている。

いったんカテゴリナンバーワンの座を確保すれば、しばらくは生活者の頭の中で連想が確立し、その座が揺らぐことは少ないためだ。その逆のことも言える。すなわち、カテゴリナンバーワンのブランドが健在であるときに、そのブランドに競争を挑んでも実りを得ることは難しい。わが国で、〈ペプシコーラ〉が何回となく、〈コカ・コーラ〉に挑んでいるが、なかなか追いつけない。その事実は、コカ・コーラが日本市場で獲得したナンバーワンブランドの強さの証明に見える。

2　アメリア・エアハート効果

「市場カテゴリで一番になることがマーケティングの鉄則」と言われても、どの企業もそのカテゴリの一番を狙っているので、その座を占めるのは、あまたある競合ブランドの中でたった一つのブランドだけである。担当者としては気が遠くなる話だが、不可能と落胆してしまう必要はない。アメリア・エアハートの話が、ここでのカギとなる。

飛行機で大西洋を単独・ノンストップで横断したのは、チャールズ・リンドバーグ。一九二七年のことだ。もしかすると、読者の中には『翼よ！ あれが巴里の灯だ』という映画で記憶されている方もいらっしゃるかもしれない。パリに到着した彼を出迎えるために一〇〇万人のパリ市民が集まったというのだから、ただ事ではない。そして、彼の名は、世界の多くの人の記憶の中に刻みこまれた。

では、その後、リンドバーグを追って、大西洋を単独飛行した次の人の名前はご存知だろうか。たぶん誰もご存知ないだろうし、筆者も知らない。一番手は歴史に残っても、二番手以下は残らない、これが一番手（ポジショニング）の威力である（アル・ライズ、ジャック・トラウト『ポジショニング戦略』海と月社、二〇〇八年）。

そのリンドバーグから五年経った一九三二年に、大西洋を単独横断飛行したのがアメリア・エアハートである。ウィキペディアを見ればわかるように、その名前は歴史に燦然《さんぜん》と残っている。その理由は……、彼女が女性だからだ。彼女は、「女性で初めて、太西洋を単独飛行した」のである。「人類初」というカテゴリに、「女性」という一つの切り口を入れると、一つの新しいサブカテゴリが生まれる。

その効果の実証例は、エスエス製薬の〈ハイチオールC〉というブランドの成功に見ることができる。もともとは、肝臓機能を強化する薬として、「二日酔いの後に」などという効能を訴えて販売されていた。その競合メーカーも多かった。ところがあるとき、ターゲット層を変えた。主に中年男性向けであった商品を、若い女性向けに切り替えたのである。効能は、「しみやそばかすを、内から直す」というものだ。これによってハイチオールCのブランドは一気にブレイクした。二〇億円前後であった売上げが、五倍にも伸びた。同時に、若い女性に向けたしみ・そばかすを消す市場カテゴリが生まれ、そこでのナンバーワンブランドとなったのである。その後、競合ブランドが追い上げるが、その地位は揺るがない。若い女性の頭の中に、「シミやソバカスを直すのは、ハイチオールC」と刻み込まれたのであろう。

すでにある既存の市場カテゴリには、トップブランドが鎮座しているのが普通である。それに挑むのは、投資がかさむばかりで得策ではない。そこで、これまでになかった切り口で新しい市場カテゴリを作り、そこで一番になることを考える。そして、その新しいカテゴリとブランドとの絆を強化する。これを、人類というカテゴリに女性という切り口を入れることで歴史に名を残した女性の名にちなんで、「アメリア・エアハート効果」と呼ぼう。

3　アメリア・エアハート効果の追求

こうした「市場カテゴリとの強い絆」を構築・維持することに徹底してきたのが、世界のP&G社である。少々意外かもしれない。というのは、前章に紹介したとおり、ファブリーズのブランド拡張を積極的に行おうとしている姿と矛盾するからである。その点は確かに矛盾するが、徹底して市場カテゴリとの絆を重視してきたのが同社であることは紛れもない事実なのだ。

同社は、ブランド・マネジメント制と呼ばれる組織を採用している。その組織が作られたのは、一九三一年というから八〇年近くも前、日本で言うと昭和初期のことだ。

その眼目は、ブランドの一つひとつにブランドの責任者（ブランド・マネジャー）を置くことにある。そして、そのブランド・マネジャーは、そのブランドの売上高、利益、成長、そしてエクイティの維持拡大の全責任をもつ。ブランドの売上げ、利益、成長を図るという課題は、どこの企業でも見られることであるが、特徴的なのは「ブランド・エクイティを最大化する」という課題である。ブランド・エクイティを増強・維持する課題、これはブランド・マネジャー独特の課題である。いくつかのブランドを抱えて、しかもブランド・マネジャーを置かない組織では、なかなか個々のブランドの成長可能性まで配慮が及ばないのが常だ。その結果、簡単に、ブランドを廃棄したりすることが起こってしまう。

ブランドごとに責任者を定め、その責任者がそのブランドの全責任をもつ。こういう制度を導入した理由の一つには、ブランド間の社内競合を促すということがあった。ふつうであれば、ブランド間で共食いが起こらないよう、マーケティング部とか商品企画部といった組織の中で、慎重にブランド同士の調整が試みられる。それは良い点もあるのだが、しかし、伸びる可能性をもったブランドであっても、規模が小さいとどうしても少ない資源しか回って来ず、せっかくの伸びる芽が摘まれてしまうという悪い面もある。それを危惧して、社内調整は最小限にとどめたいというのが、その組織導入の主旨であった。

こうして、ブランド（あるいはブランド・マネジャー）は、実際の市場でライバルに直面する前に、社内市場でライバル・ブランドとの資源獲得競合に直面することになる。こうした徹底したブランド・マネジメント制を採用している会社には、P&G社のほか、ネスレ社、コカ・コーラ社といった外資系企業が多い。わが国では、先の章で紹介したサッポロビールやパナソニックやトヨタ自動車のように分野別の縦割りが強かったり、商品企画部あるいはマーケティング部という形で権威ある調整組織があらかじめ存在しているのが一般的だ。

さて、そのP&Gだが、たとえば同じランドリー・ファブリックケアという製品分野の中に、複数のブランドをもっている。洗剤市場をさらに細分化して、複数の小さい市場分野を想定する。そして、その小さい市場分野ごとにブランドをもつ。こういうわけだ。

同社のアメリカのHPを見ると、〈バウンス〉、〈チア〉、〈ダウニー〉、〈タイド〉などといったブランドが並んでいる。それらの間には、同じ衣料洗濯用洗剤だが、用途や効能において微妙な違いがあって、それぞれが独自の市場分野を形成する。

†〈ボールド〉と〈アリエール〉

その微妙な違いを、うまくブランドの違い、市場カテゴリの違いとして生活者にアピールできる力をもつこと、これが重要だ。たとえば、P&Gは、わが国においては〈ボールド〉と〈アリエール〉という二つの洗剤をマーケティングしているが、両者の間で共食いが起こらないよう巧みに差別化している。男性にはあまり馴染みがないが、同社のウェブサイトを覗くと次のように差別性を訴えている。

〈ボールド〉は、「ふとした瞬間にいい香り、高い柔軟効果、毎日のお洗濯をちょっと楽しくする柔軟剤入り粉末洗剤」という謳い文句で、洗浄力に加え、柔軟効果と良い香りを提供する。パッケージも、ちょっとお洗濯が楽しくなるようなかわいらしいパッケージで、内側には、ハート、お星様、お花の三種類のピンクのデザインをあしらい、裏パッケージはおしゃれな生活シーンに馴染む、輸入雑貨のように遊び心のあるデザインとなっている。

一方、〈アリエール〉は、汚れを除去し白さを強調することに加え、ファブリーズとの共同開発を訴えて臭いの元を除菌する機能も売り物にしている。同じ洗剤であっても、前者のブランドが洗濯の楽しさを訴求しているとすれば、後者は生真面目に洗濯本来の機能を強調するものとなっている。

両者の違いは明瞭に見えるが、それでも一時、両ブランドの違いが判然とせず、生活者の頭の中や店頭において混乱を引き起こしたことがあった。そこで、両者の違いをハッキリさせるべく改良を行い、メッセージも両ブランドの差異が際立つようになったという。それにより、両者の合計市場シェアは以前にも増して拡大した。実際、その試みがなされた後の調査においては、ボールドファンとアリエールファンの間で、両ブランドのCMの評価に大きい違いがあったとのことである。つまりP&Gの目論見どおりの結果となったわけで、〈ボールド〉ファンと〈アリエール〉ファンが生活者の間でくっきりと分かれたのである。

このやり方は、いわゆる「市場細分化」と呼ばれるやり方である。そのやり方をベースに、洗剤という一つの製品分野の中に下位の市場カテゴリが創造され、そこに別々のブランドがそれぞれのカテゴリに位置づけられる。そして、その市場カテゴリの差異を緻密なマーケティングで維持していく。

思う以上に、スキルが必要で神経を使う仕事である。P&G社では、ブランド・マネジャーが花形業務であり、ブランド・マネジャーを何段階か経験した後に役員になっていくと言われている。ブランド・マネジャーには、独特の能力を修得することが必要とされている。

さて、そうした訓練と熟練が必要な技法が、ブランド・マーケティングのベースにあることがわかったとして、では、どうしてP&Gは、同一製品分野を、簡単明瞭に、一つのブランドで対応しようとはしないのだろうか？　あるいは、〈ルックＪＴＢ〉がそうであったように、どうしてサブブランドで対応しないのだろうか？

理由としてよく言われるのは、ブランドが単数だと小売店の売場の棚を取りにくいという事情である。洗剤売場で圧倒的なシェアを確立したブランドがあれば、生活者はそれをいつも購入する。しかし、その生活者も、時として浮気者になって、隣に置いてある他社ブランドに目が行くことがある。そこで、「みすみす他社ブランドに浮気されるくらいなら、少々自社のトップブランドと共食いがあったとしても、セカンド・ブランドの導入を」ということになる。先の章で紹介した、サッポロビールの〈スリムス〉の導入の事例の背景にあった論理である。

しかし、それ以上の理由があるように思う。P&Gは、「市場カテゴリとブランドとの強い絆が成功の秘訣であること」を、市場で成功するカギとしてしっかりと理解している。この点が重要だ。「きちんと洗濯をする洗剤」とか、「楽しい洗濯をする洗剤」といった具合に、新しい市場分野を創り出し、そしてそれらの市場カテゴリと、対応するブランドとの間に強い絆を作り出す。生活者の頭の中の特定市場カテゴリにおいて、ブランドをポジショニングする、このやり方である。

ポジショニングの工夫、この工夫こそが、長きにわたるブランド・エクイティを確立する方策であり、また、企業として長きにわたる成長を可能にする方策だと、P&Gは理解しているのである。

4 学びたいこと

†ポジショニングの契機

学びたいことの第一は、ある特定市場カテゴリとブランドとの絆を強化する、つまりポジショニングが、ブランドの長期存続にとって最重要の課題だということである。そのために、いち早く市場に進出し、一番手の旗をその市場で揚げることが大事なことは言うまでもない。しかし、新市場を創ることができる画期的な技術が、いつも生まれてくるわけではない。そのときに重要なのが、市場細分化の努力である。

市場細分化の軸となる要素は、性別や年齢、住んでいる地域など、自然の摂理、物理的条件によってあらかじめ区別されていると思われるかもしれないが、決してそればかりではない。先ほど述べた、〈ボールド〉と〈アリエール〉を分ける細分化の軸は、洗濯に対する主婦の感覚、つまり「きっちり洗濯をやりたい」のか「楽しくやりたい」のか、という感覚の違いに置かれていたことを思い出して欲しい。この違いは、どちらかというと、生活者のちょっとした感覚をとらえて、P&G社がみずからのマーケティングを通じて育て上げた感覚のようにも思える。そう考えると、ポジショニングの契機は、あるべき自然の条件や変わりにくい生活習慣への適応にとどまらず、新しい切り口によって新たに創り出すことができるのである。ポジショニングの契機を上図に示しておこう。

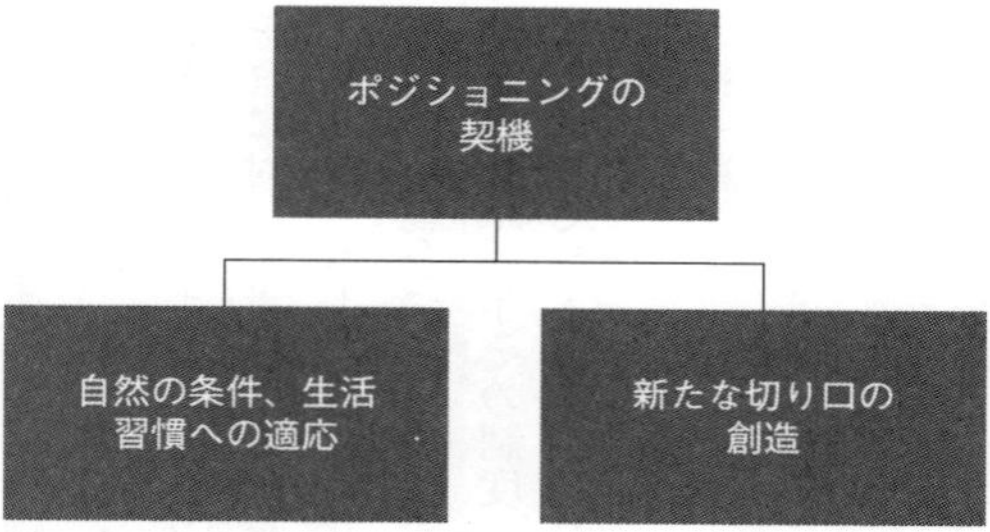

†ブランド・マネジャー制

第二は、ポジショニング活動を支えるマネジメント体制として、ブランド・マネジャー制があることである。ブランド・マネジャー制を通じて、組織に、それまでになかった二つの効果が生まれる。

その第一は、ブランド・エクイティの強化が、一つの最重要目標として組織内に設定されることである。ポジショニングの確立と維持こそが、マーケティングの最重要課題になると当然、それに対して責任と権限をもつ人、すなわちブランド・マネジャーが、組織の中で必要になる。

第二は、ボールドとアリエールがそうであったように、ブランド同士、市場での競合以前に、社内での競合にさらされることである。そのメリットとデメリットはいろいろあるだろうが、P&G社が長年その制度を採用し、それが世界に広がっている点だけを見れば、メリットは思う以上に大きいものと考えられる。

第Ⅱ部のまとめ：戦略体制を確立する

第II部では、「戦略追求の組織づくり」を検討した。いくつかの関連したケースを用いて、その要諦を示してきたが、最後に全体を整理できる枠組みを確認して、第II部を終わることにしよう。

戦略体制には、二つの次元がある。一つは静的・構造的な次元。これは、現時点でどのような戦略体制をとるのかという課題に対応する。もう一つは、動的・成長適応の次元。これは、今後どういう方式で成長していけばよいのかという課題に対応する。順に説明していこう。

†市場適応の組織レベル

第II部の導入のところで触れたように、企業は、三つのレベルで市場適応が可能だ。そして、そのうちの、どのレベルに責任の所在があるのかは、企業や業界により、違いがある。つまり、「市場適応の主たる責任は、三層のどのレベルにあるのか」、あるいはブランドの話で言うと、

「どのレベルで、生活者の長期にわたる愛着（ロイヤルティ）の受け皿となるのか」については、企業ごとに違いがある。

たとえば、P&Gでは、商品ブランドが前面に出て、そこが市場適応の責任の第一の所在地になる。そして、どちらかというと製品市場分野が背後に引っ込む。同じく、ソニーでは、〈ソニー〉というコーポレート・ブランドと、〈ウォークマン〉や〈バイオ〉などの商品ブランドのいずれもが生活者によって周知されており、その間にある製品市場分野概念が背景に引っ込む。たとえば、〈ウォークマン〉というブランドの名の下に、〈ビデオウォークマン〉という映像機器も導入されたことがあったが、〈ウォークマン〉は音響機器と映像機器という二つの製品市場分野を横断するブランドでもあったのだ。いわば、「ブランド主、製品市場分野従」の体制である。

他方、サッポロビールやパナソニックでは、製品市場分野やコーポレート・レベルが前面に出てブランド・商品レベルでの市場適応の責任は相対的に背景に退く。

二点、ここで心に留めておきたいことがある。

第一は、市場適応の三つのレベルのうち、どのレベルに自社としての足場を置くかは、大事な判断であるということである。たとえば、サッポロの〈ドラフトワン〉のケースで見たように、足場の違いによって、新ブランドをどのタイミングで導入するのか、あるいはどれだけの資源をどのブランドに投下するのかが大きく違ってくる。

一度、読者の皆さんの会社の適応の足場がどのレベルにあるのかを再認識して、レベルを変えるとどう変わるか、考えてみるのは大事なことだろう。

第二は、現代では、商品ブランドを足場とする立場に追い風が吹いているように見えることである。その一番の理由は、メーカーが小売店頭を自身の力で統制することが難しくなっている事情がある。ブランド拡張を行って、さまざまな商品を一つのブランド名の下に集約しても、それらの商品がさまざまの売場にバラバラに陳列されてしまったのでは、十全にブランドの効果を発揮できない。その話は、コーポレート・ブランドのところでも述べた。ブランド拡張の要件の一つは、拡張したブランドに含まれる諸々のサブブランドをひとまとめにして、生活者の目の前で陳列することができるかどうかにある。

†市場への成長対応

適応レベルの議論が静的な適応の話だとすれば、成長対応は動的な適応の話である。第II部の導入のところで触れたように、市場に向けた事業の成長の方向として、二つの選択肢がある。一つの方向は、「ポジショニングによる成長」である。生活者の頭の中に、自社のブランドと特定の製品カテゴリとの強い絆があることを、刻み込むやり方である。何度も繰り返すことになるが、特定製品カテゴリに関連して刻み込まれたブランド名は、企業にとって、(工場でも技術研究所でもなく) まさに市場で活動する中で生まれた貴重な財産である。

したがって、マーケターの目指すところは、第一に、当該製品分野の定番商品となって、「ポテトチップスといえばカルビー」といった形で、生活者の頭の中にブランド名を刷り込んでしまうことだ。

これが肝心要の目的である。それができた後は、その刷り込みを、他メーカーからのいろいろな攻勢によって消されないようにすることである。その対応がうまくいかずに大きい市場を失った有名な例は、キリンの〈ラガービール〉である。スーパードライに対して、同じドライビールを後追いで発売してドライ分野の確立に力を貸したことや、ラガーの中身を変えて生活者の不評を買ったことなどの理由が重なったと言われる。とはいえ、これほど劇的なトップの交代劇は滅多に起こることではなく、カテゴリとブランドとの絆は、いったん築かれると長続きする傾向にある。

第二にやるべきことは、少しずつポジショニングを変えて、自身の属している製品市場カテゴリの着実な拡大に努めることである。ファブリーズは、「(布製品の消臭を通じて) 部屋の消臭を」というように、ポジショニングを微妙にずらすことで、部屋の消臭・芳香という、より広い分野における定位置を確保することに成功した。

別の例ではポカリスエットもそうだ。イオンサプライ飲料として世に初登場したポカリスエットは、「スポーツの後に」、「風邪引きのときに」、「夜寝る前に」とポジショニングを少しずつずらしながら、健康飲料という広い製品市場カテゴリでポジションを獲得し、売上げを伸ばした。

ポジショニングに対抗するもう一つの選択肢は、ブランド拡張だ。確立したブランド・エクイティを他製品に拡張する選択肢である。ファブリーズのケースで言うと、スプレー型ファブリーズから置き型ファブリーズへ、あるいは柔軟剤レノアとの共同ブランドづくりへという展開は、ブランド拡張を狙ったものである。

成熟期における最善のブランド成長策は？

ポジショニングとブランド拡張、とくにどちらが正しいということはない。ファブリーズのケースを見て思うのだが、ポジショニングによる成長を徹底してきたP&Gが、二〇〇〇年前後から拡張型にも手を染め出したというのは、筆者にはとても印象的である。この点に触れて、第II部を終わることにしよう。

P&Gは二〇世紀末に、「世界の消費者のニーズに最も適した、秀でた品質と価値をもつ製品を提供する」という宣言を、「世界の消費者の生活を向上させる、優れた品質と価値をもつ製品を提供する」という宣言へと変えている（傍点筆者）。消費ニーズへの対応から、生活向上への対応へと、事業の射程を広げたわけである。そして、二〇〇〇年頃から新ブランドの導入をかなり控えるようになった。そして、ファブリーズで見たようにブランド拡張も選択肢に入れ始めた。

同じようなことは、コカ・コーラにも起こっている。何十年か前、コカ・コーラ社が〈コカ・コーラ〉のダイエット版を開発したとき、あえて〈コカ・コーラ〉の名前を使わず、〈タブ〉という名で発売した。「コカ・コーラというブランドを、拡張には使わず、大事な資産として確保する」という判断だったのだと思う。だが今や、その鉄則は失われ、ダイエット、カロリーオフ、ビタミン入りと、〈コカ・コーラ〉のバリエーションとして、〈コカ・コーラ〉の名を被せた商品は増えている。一昔前のルールだと、それらバリエーションについては、〈コカ・コーラ〉とは違った名前で、違ったブランドとして市場に導入されていたはずである。

ネスレも、最近では関係性マーケティングを標榜する。新ブランドを次々に投入するのではなく、むしろ既存ブランドを大事に扱い、そのブランドと生活者との間の関係を強化する方向に向いている。ブランドの新しい生活における意味を探り、それを新たにブランドのエクイティに加えていくというやり方である。第12章で紹介するキットカットのマーケティングはその代表的なものである。

マーケティング・カンパニーとして名を馳せた三つの外資系企業が、ポジショニングに加え、ブランド拡張も重視し始めているように見える。そこには、さまざまな事情が関係するだろうが、序章に述べた現実、つまり経済や市場が成熟し過剰品質と呼ばれる時代へと転換したことも重要な一つの理由だと思われる。

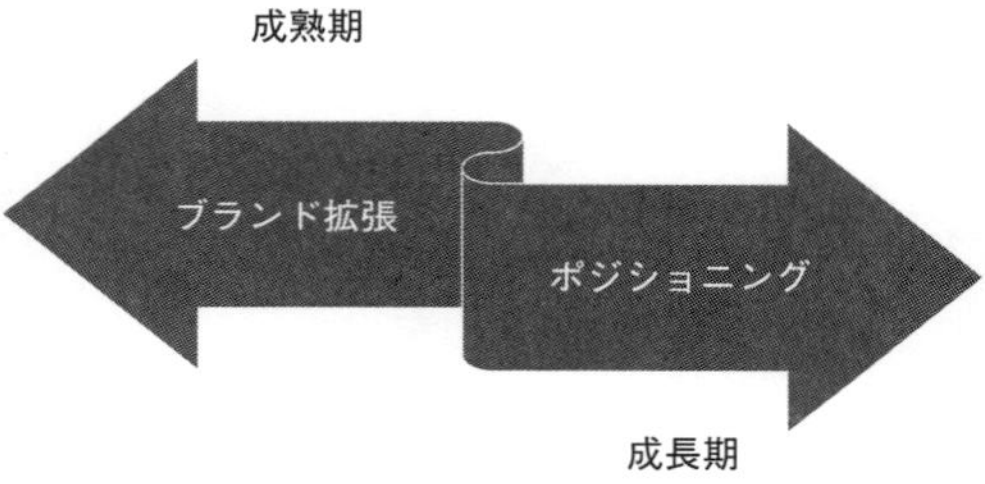

ポジショニングとブランド拡張のバランス

ポジショニング方式を徹底してやり続けると、どうしても新ブランドの導入が増える。それはあまりにリスクとコストが大きい。それを避けるべく、ブランド拡張方式が選ばれる。こういう事情だと推察できるが、そのことは、「成長期にはポジショニング方式」、そして「成熟期にはブランド拡張方式」と、市場状況の変化に合わせて慎重に成長対応を考えなければならないことを示唆するものなのだろう。上図はそれを示している。

もちろん、右から左へ一気に転換するものではないだろうが、少なくとも成熟した時代に生きる企業においては、ブランド拡張とポジショニングのうまいバランスを図らなくてはならないことははっきりしている。

第Ⅲ部

顧客との接点のマネジメント

1　組織内部のマネジメントと組織外部のマネジメント

第Ⅲ部では、顧客との接点（インターフェイス）を、どのように構築し、マネジメントができる体制にもっていくのかがテーマとなる。

†内部組織のマネジメント

「マネジメント」と言うと、意のままに相手を動かして、自分の決めた目的を達成するというイメージが強いかもしれない。演劇の舞台監督は、俳優の演技の一挙一動に注文を付け、小道具・大道具などのスタッフにも細かく指示を出す。その舞台に関わる関係者たちを意のままに動かし、そして一つの演劇を完成させる。こうした一糸乱れない演劇のマネジメントがあって、高い評価の演劇が生まれる。

演劇における演出家によるマネジメントにおいては、あらかじめ関係者間でそれぞれの役割について相互に合意されている。演出家は演劇制作の総責任者であること、その枠の中で俳優は演技し、スタッフはその舞台づくりを行うこと、そのことは演劇制作がスタートするときからの決まりごとである。スタートした後、たとえば稽古中に、俳優やスタッフが、監督の指示に背いて勝手に演技をしたり大道具を作ったりすることはありえない。演劇制作において、演出家が逐一関係者に指示を出すこと、そしてその他の人はその指示に従うことは、関係者全員に合意がなされているのである。

組織内部のマネジメントとは、そういうものだ。会社でも同じだ。ある人が、年齢が高く、かつ人格識見で優れていても、公式の権限の下で指示を受ける立場にあれば、指示を受けるしかない。こういう理解の下にことが進む。

†組織外部のマネジメント

しかし、マーケティングにおけるマネジメントは違う。マーケティングのマネジメントの対象は、主として生活者、場合によっては小売業者もありうる。いずれにしても、マネジメントを行う企業にとって、マネジメントの対象となる相手はその企業組織の外部にいる相手である。当たり前の話だが、マーケターは、生活者に対して、作った商品を「買え」と強制できるわけではないし、生活者はその商品を買う義務はどこにもない。その意味で、買い手は、売り手の思い通りあるいは予定通りに応じてくれる存在ではない。組織外部に向けてのマネジメントが、組織内に向けてのマネジメントと根本的に違うところは、ここである。公式の権限連鎖がない！

演劇制作のマネジメントにもそれなりに苦労はあるだろうが、公式権限が欠けたマーケティングのマネジメントは、公式権限をもつマネジメントとは根本的に異なった苦労を抱え込むことになる。この第III部では、企業が、そうした意のままにならない相手に向けて、どのようなマネジメントを行うことが可能なのか、その手がかりをつかみたい。

2 営業とブランド：プッシュとプル

顧客（生活者）との関係を、どのように構築し、マネジメントができる体制にもっていくのかについて、ここでは「ブランド」と「営業」という二つの媒体に注目したい。

関係の媒体の一つは、ブランドである。次に述べる営業の仕組みが、いわゆる「プッシュ型マーケティング」を代表するとすれば、ブランドは、直接生活者にアプローチする「プル型マーケティング」には不可欠の媒体である。

ブランドとは、企業と生活者との間に架かった橋のようなものである。次頁の図に示すように、その橋をわたって、生活者は、ブランドに向けて、みずからのニーズあるいは期待や夢を仮託する。逆に企業側も、そのブランドにふさわしい技術とは何か、ふさわしい製品とは何か、そしてふさわしい情報・メッセージ（＝知識）とは何かを考えることになる。

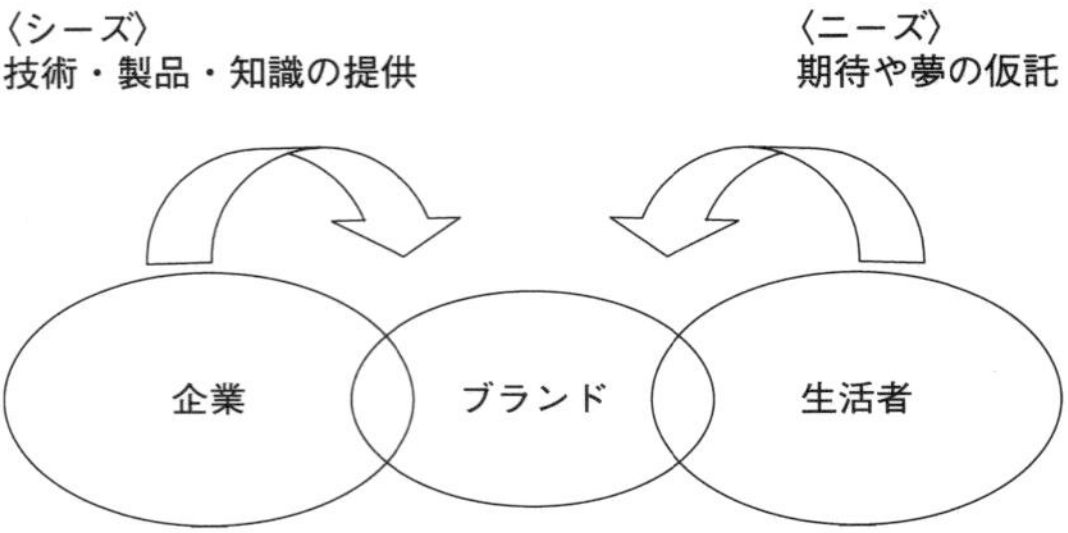

企業と生活者の架け橋となるブランド

もう一つの媒体は、営業（営業担当という「人」）である。ブランドと同じように、企業は、営業の仕組みを媒体として、生活者や小売業者などの顧客から、ニーズないしは期待や夢を得る。逆に、営業媒体を通して、技術や製品や知識を提供する。次頁の図にそのイメージを示す。

営業というと、各家庭を回って薬を売り歩く昔の越中富山の薬売りや、あるいは「天秤の唄」などの体当たりで商品を売り歩く行商の姿を、つい思い起こす人もあるだろう。あるいは、売上げノルマを与えられて、その達成に四苦八苦する若い営業マンをイメージするかもしれない。そうした営業は、商品を販売する人の力に依存してしまう営業である。しかし、このやり方は、「仕組み」という言葉からほど遠い。今では、「仕組み」重視の営業を定着させている企業は少なくない。営業に人の力は不可欠だが、ここではすべてを人の力に任せてしまう営業ではない営業、つまり組織的な営業の可能性を探りたい。

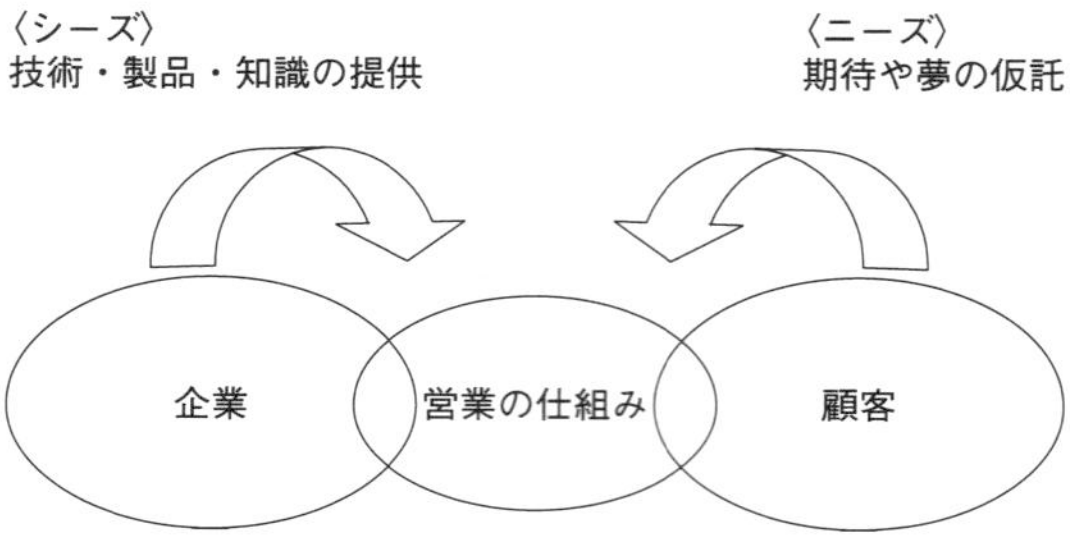

企業と顧客の架け橋となる営業の仕組み

企業にとってみれば、ブランドないしは営業というこの橋が安定して頑強で長く保つことが望ましい。そのために、この橋の状態をいつも気にかけて、改修すべきところは改修しないといけない。企業と生活者の間にかかった橋のイメージで、長期にわたる営業の仕組みやブランドの効果を理解したい。

3 第III部の構成

第III部は以下の構成になる。第12章と第13章では、ネスレやコカ・コーラなど、ブランドを軸として経営する企業のケースを中心に、ブランドを媒体として、対生活者との関係をどのようにマネジメントするか、そしてどのように関係の深化や成長を図るかを見る。第14章では、ブランド・ポートフォリオの議論を中心に、企業がブランド経営をするにあたっての資源配分手法について解説する。第15章では、人を媒介とした顧客関係、つまり営業を通じての顧客関係のマネジメント問題を扱う。人を媒介とする関係でありつつも、人任せの営業に陥らない仕組みを検討する。第16章では、同じく営業の仕組みを、チャネル・マネジメントの問題から見る。最後、第17章では、第III部の要約と顧客関係を含めた「マネジメント」というものの意義について述べたい。

第12章　ブランド・コミュニケーションをマネジメントする

生活者との関係を媒介するブランド。その成長をマネジメントする工夫を検討するのが、本章と次章の課題である。本章では、ブランドの構築ないしは再生に関わるマネジメントを、次章ではブランドの維持・成長に関わるマネジメントを検討しよう。ここでの焦点は、ブランドを通じての対顧客コミュニケーションのマネジメントである。

1　多様な生活者との接点

企業は、生活者との間にさまざまな接点をもっている。それら生活者との接点は、コンタクト・ポイントと呼ばれている（次頁の図参照）。

生活者との間にあるさまざまなコンタクト・ポイントに向けて、統一された一つのメッセージを提供したい、誰しもがそう考えるだろう。だが、なかなか難しい。うまくやった例として最近のキットカットの「きっと勝つ」キャンペーンがある。

2　キットカットのコミュニケーション

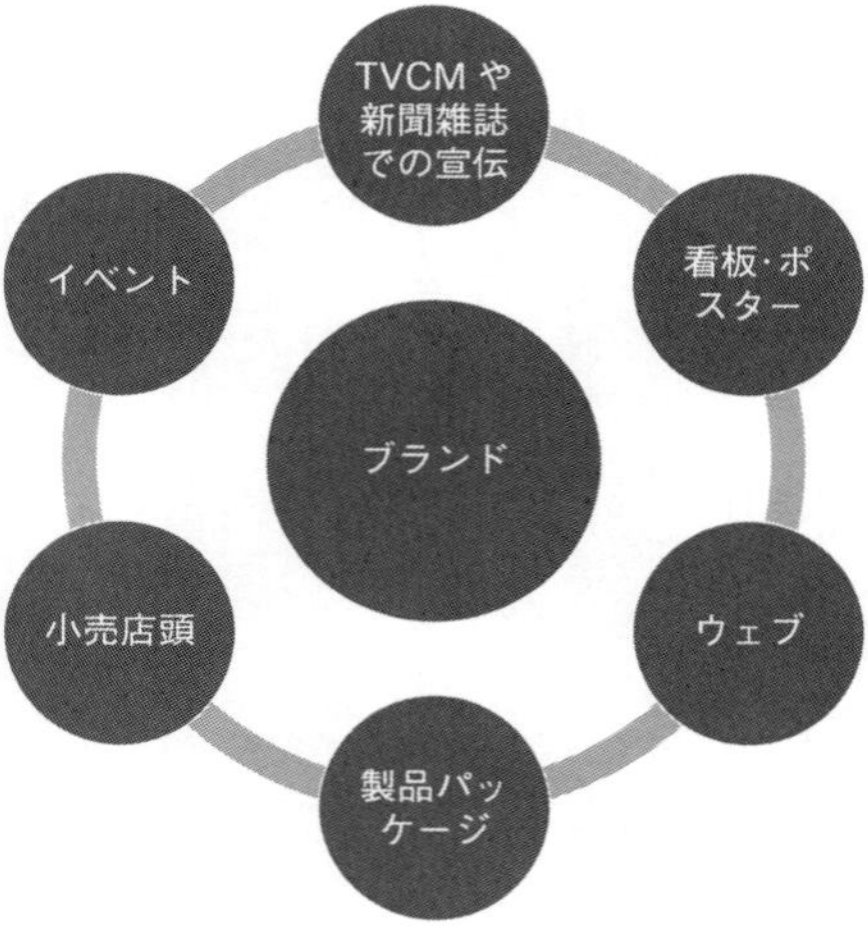

ブランドを軸とした生活者コンタクト・ポイント

キットカットが、ここ数年の間に大きく成長し、チョコレート菓子市場でトップシェアを窺うほどになった。そのきっかけになったのは、二〇〇一年から始めた「きっと勝つ」キャンペーンだ。

「キットカット」は、その語呂合わせで「きっと勝つ」につながる。そのことが受験生の間で少しずつ「験《げん》が良い」という噂が起こり始めたところから、そのキャンペーンは始まった。それが大きい波になり、大きい売上げを上げるに至る背景には、キットカットブランド担当者の綿密な工夫が潜んでいる。

二〇〇〇年当時、キットカットは、袋詰めが主で、「もっとも安価なチョコレート菓子」という評判が立つくらいの商品であった。マーケターは、何とかしてキットカットに付加価値を付けたいと考えた。

そのために、まずキットカットのブランド価値をあらためて問い直した。そして、"Have a break, Have a Kitkat" が、ブランドの基本となるコンセプトであることを再確認した。同時に、その言葉の意味についての理解のギャップが、キットカットの本国のイギリスと日本との間にあることも確認された。

本国でユーモラスに感じられるブランド・コンセプトだが、日本の生活者にはそのことが理解しにくい。むしろ、「日本の生活者が、その生活の中で、キットカットをどのようなものとして見ているか」が大事だと考えた。それは、日本人生活者がもつキットカットに関わる「インサイト（本音）」を知ることを意味する。

日本の生活者がもつキットカットに関わるインサイトを発見するために、日本の生活者の消費シーンや生活シーンを観察するリサーチ手法を採用した。キットカットに関わる生活のスナップ写真や、生活の中で一息ついたときのスナップ写真を生活者から集めて、キットカットと日本人の生活との関係を探った。その検討の中から、日本人にとって、"Have a break" の具体的な現れは「ストレス・リリース」ではないか、という見通しが出てきた。

ちょうどそんなときに、一部の地域の受験生が「キットカットで、きっと勝つ」という語呂合わせで、キットカットを受験の御守りのようなものとして大事にしていることがわかってきた。高いストレスを抱えた受験生あるいはその家族が、少しでもそのストレスを解消しようと、「キットカット」を購入している。それは、まさにストレス・リリースのコンセプトにピッタリ合った、生活者の本音レベルの答え（つまり、インサイト）ではないのか。ブランドチームはそう考えた。

そのときから、受験生に向けたキャンペーンが始まった。受験生が宿泊するホテルで、激励の言葉が書かれたカードと一緒にキットカットをわたすキャンペーンがまず行われた。受験生はもとより、ホテルの担当者も喜んだ。「こんなに、お客さんが喜んでくれる企画は少ない」というわけだ。翌年から、このキャンペーンに参加するホテルはグンと増えた。

ＪＲ東日本と組んだ「桜咲く」キャンペーンも行った。ＪＲ山手線の電車を「桜咲く」のキットカットのキービジュアルを使ってラッピングした。本郷三丁目の商店街とも、共同キャンペーンを行った。ちょうど東大受験の日に合わせて、本郷三丁目の地下鉄駅から商店街一面、「桜咲く」のポスターなどで埋め尽くした。

ウェブを使ってサイト内での映画の公開や、ＵＳＪと組んだＵＳＪ内でのキャンペーンも行った。岩井俊二監督によるショートムービーの連作をウェブ上に載せた。ブレークタウンという名を付けて、ウェブの街にキットカット・ファンを呼び込む工夫をいろいろ考えた。キットカットのパッケージやテレビCMなどは、それ自体として何かメッセージを送り出すというより、ウェブに誘うための格好のメディアとなった。

チョコレート菓子のように不特定多数の、しかも老若男女幅広く購入する商品の場合、テレビや新聞・雑誌というATL（Above the Line）メディアを用いてコミュニケーションするのがふつうだ。訴求したいメッセージを、マスコミを通じて一気に伝える。しかし、このキットカットの場合は違っていた。むしろ、マスコミは従の立場に置き、口コミ、ポスター、ウェブといったいわゆるBTL（Below the Line）メディアを主の立場に置いたコミュニケーションが図られた。世間に周知されたブランドのイメージを変えるのに、マスコミメディアでは限界があるというのが、ブランドチームの考えであった。

3　コミュニケーションは現実を創る

コミュニケーションのマネジメントの話に進む前に、大事なことを一つ、述べておきたい。それは、コミュニケーションを通じて、新たな現実、新たな市場が創り上げられるということである。

まず、「生活者がキットカットを購入する」新しい理由が創られたことが重要だ。受験生がチョコ菓子シェアナンバーワンになるくらいに購入した理由は、キットカットが他のブランドに比べてことのほか美味しいからという理由でも、これまでにない新しい機能成分が入っているからという理由でもない。縁起物としてのキットカットという「意味」に購入理由がある。そこに、キットカットの一つのポジションが定まった。

新しい購入理由が創り出されると、それに便乗するライバルも当然現れてくる。キットカットは、「縁起物（お菓子）市場」という新たな市場カテゴリを形成する起爆剤となった。（ウ）カール、キッポー（ポッキーの逆）、キッチリトール（キシリトール）などといった、各社の受験縁起物商品が次々に市場に登場し、コンビニやスーパーマーケットの店頭では、一つの独立した売場として「縁起物コーナー」が設けられた。

第二に、生活者コミュニケーションによって、継続的成長が可能になることも指摘できそうだ。キットカットの中身は何も変わらない。チョコをウエハースで挟み、ポキッという音と共に口の中に入る。変わったのは、生活者がキットカットを見る視点であり、生活者の生活におけるその意味である。「生活者が、その商品を見る視点」が変わることで、その商品は大きい成長を遂げることがある。

たとえば、コカ・コーラがそうだ。一〇〇年を越える期間、中身は何も変わらないのに大きく成長してきたのは、生活者とのコミュニケーションが抜群にうまかったからだ。若い頃に飲んだ飲料で、現在になっても飲んでいる飲料は少ない。カルピスもファンタも、懐かしい飲料だが、今の筆者の身近にはない。筆者にとっては、いわば、「昔のブランド」、「卒業したブランド」である。しかし、コカ・コーラは違う。筆者にとって、年月が経ってもブランドとしての鮮度は新しいままなのだ。

コカ・コーラは、最初は原液をソーダで割って飲む希釈飲料だった。そして、「胃がムカムカしたときによい」という効能を重視した時代もあった。その後、「リフレッシュ」そして「食事のときにコカ・コーラ」と、商品の新しい意味、新しい見え方を提案した。コカ・コーラが何兆円ものビッグビジネスとして育ってきたのは、「商品の見え方を変える」コミュニケーションの力以外ない、と言ってよいくらいだ。

「商品の見え方を変える」コミュニケーションが、企業成長において果たすところの意義を理解するために、コカ・コーラを同種の希釈飲料、たとえばカルピスと比較してみるとよい。カルピスは、味や効能ではなんら劣るところのない希釈飲料だが、成長ぶりは大きく違っている。生活者コミュニケーションに向けて、どれくらい知恵と力を注いだかの違いである。

コカ・コーラの話が長くなったが、キットカットの近時の試みも、コカ・コーラのそれと同じだ。生活者に対して、ブランドの新しい意味（この場合は、「ストレス・リリース」、あるいは「縁起」であるが）を提案することで、生活者とそのブランドとの新たな関係を創り出し、新たに市場を創造したのである。

4 学びたいこと

学びたいことの第一は、ブランドチームが、「キットカットというブランドの意味を生活者に理解してもらう」というコミュニケーションの効果に、目的を定めたことである。それにより、チームが何をしたいのかが明確になる。簡単なようだが、マネジメントの第一歩として重要だ。

たとえば、キットカットの売上げを伸ばしたいという目的も、もちろんあり得る目的だ。だが、この目的はそのまま追求しようとするには、あまりに漠然としすぎている。やるべきことは一杯ありすぎて、何からどう始めてよいものかよく見えない。それだけではない。あるブランドの売上高やその成長には、簡単には見きわめきれない、いろいろな要因が介在することが重要だ。価格や店頭のＰＯＰ、商品の品質やパッケージ等々いろいろなマーケティング諸活動は売上げに影響を与える要因となるし、企業がコントロールできない競争者の動向、あるいは

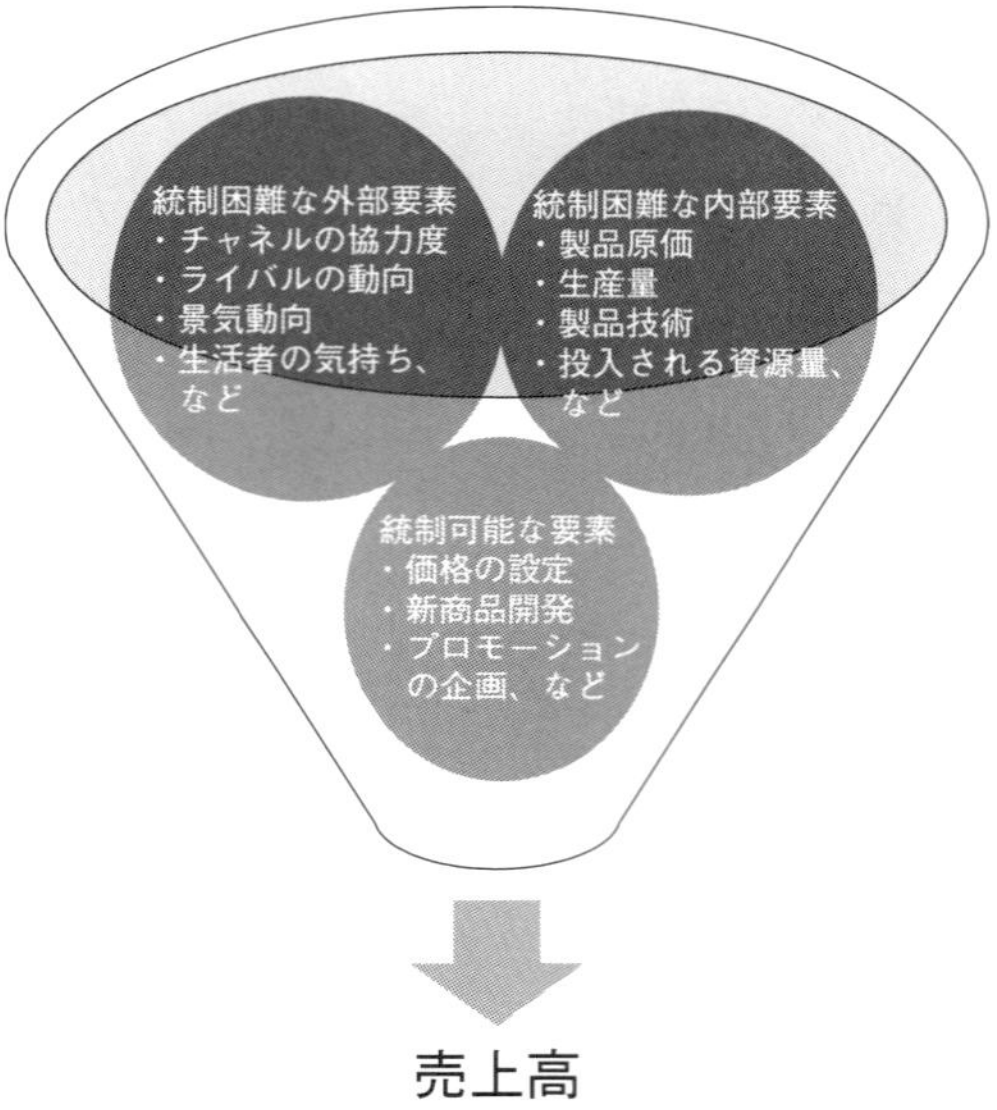

生活者の意識なども要因となる。上図に示すように、それらが重なり合った結果として、ある売上高が得られる。

　そうなのだ。ブランドチームが売上高を唯一の目的として置いてしまうと、ブランドチームの責任を問えなくなる。もし、目的とする売上高が達成できなかったとして、いくらでも言い訳が効くからだ。ライバルが価格を下げてきた。チャネルが自分たちの提案に乗らなかった。天候不順だったということも、言い訳の理由に使われるかもしれない。つまり、売上高というのは、ブランドチームの実力を上回る、そもそも実現可能な目的にはなっていないのである。

「ブランドの意味」は、売上高の成長に導く要因の一つであるが、ブランドチームは、彼らの実現可能な目的として「ブランドの意味」を掲げた。それは、彼らによって達成可能であると同時に、結果責任の所在もはっきりしている目的だった。

第二に、その目的を実現可能なものとするための手段として、多様に広がるコミュニケーション・メディア(コンタクト・ポイント)を使いこなすことを考えた点があげられる。ブランドの意味とコミュニケーション・メディアの関係では、目的と手段の関係が明確で、売上高の場合のように紛れがない。その分、もしブランドチームがその目的を達成できなかったときにも、言い訳は効かない。権限と責任の一致が、マネジメントの根本原則の一つである。

第三に、目的達成の上で、それぞれのコミュニケーション・メディアの働きの違いを見定めて、期待される働きによって、二つのタイプ(BTLとATL)にメディアを分けたことがあげられる(関橋英作『チーム・キットカットのきっと勝つマーケティング』ダイヤモンド社、二〇〇七年)。

生活者にブランドの名前や特徴を知ってもらうためには、テレビCMや新聞など、ATLメディアが使われる。ATLを使えば、大多数の生活者にメッセージが一気に届くので、周知効果は大きい。しかし、効果は一過的なものにとどまるし、それでブランドの意味に対する共感まで築くことができるかというと、少々疑わしい。ブランドの意味が伝わっても、反感を呼んでは何もならない。生活者の腹の中に「わかった。その通りだ」と、ストンと落ちないとやる

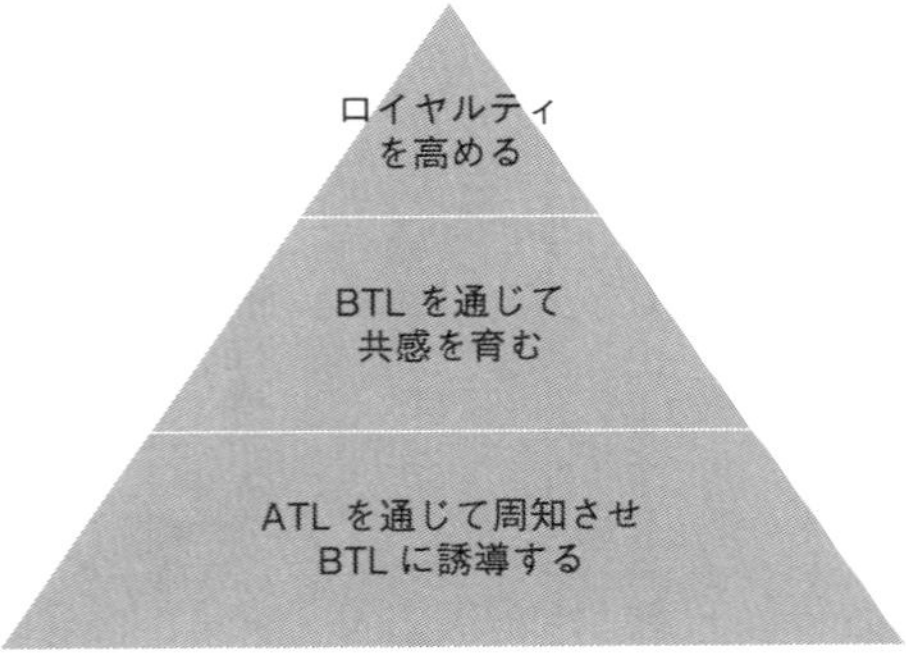

対生活者コミュニケーションの体系

甲斐がない。ブランドの意味は、共感と共に伝わってこそ、である。

そのためにＢＴＬメディアが動員される。イベント、サンプリング、ポスター、屋外看板、ウェブ、さらには商品のパッケージ自体も、メディアとして利用できる。生活者からの共感と共に、ブランドの意味を理解してもらうために、このＢＴＬが勝負所と位置づけた。ＢＴＬは、テレビや新聞・雑誌などのマスコミに比べて、「今、私が見聞きしている」という「その時・その場」の臨場感のあるメディアである。一気にメッセージを伝えるという広がりは乏しいが、いわば「手触り感のあるメディア」であり、「自分だけに向けられたメッセージ」という意識を育みやすい。それだけに、メッセージに対する共感を作りやすいメディアだとも言える。テレビのＣＭフイルムなら一五秒間、一方的にメッセージを送って終わってしまうが、ウェブなら二〇分の映画フイルムを提供し、感動させることができる。ホテルでのサンプリングなら、実際にキットカットを手がかりに対話を交わすこともできる。ウエブやイベント、サンプリングが大活躍したことはすでに述べた。

キットカットのコミュニケーションの体系は、単純だが、力強いものであった。図式化すれば前頁のようになる。

ATLを通じてBTLメディアに誘導し、そこで共感性を導き出す高度の演出を行い、生活者・受験生との交流を図る。その流れの中で、ブランドの意味の理解を促す。

さて、メディア間で調和のとれたコミュニケーションを実施し、一歩一歩、認知を高め、共感性を育み、ブランドの意味を普及させるのはマーケティング・マネジメントの重要な課題だ。だが、その効果が維持されるのはそのキャンペーン期間中でしかない。つまり、効果は短期にとどまってしまう。そこで、もう一つ注目したいのは、長期にわたる安定したマーケティング効果の発揮である。これが次章のテーマになる。

第13章 ブランド・エクイティの成長をマネジメントする

企業は、市場に向けてさまざまな活動を行う。そのほとんどは、商品を販売するための活動だ。小売店頭に商品を並べるために、流通チャネルの小売業者に販売促進費を支払う。また、その商品を広く生活者に認知してもらうために、テレビや新聞などのマスメディアを使って大量の宣伝広告をする。ブランドの意味を深く理解してもらうために、BTLのメディアを使う。

洗剤等の日用雑貨品メーカーでは一般に売上高の一五％分くらいが、そうしたマーケティング費用に回される。化粧品会社ともなると、売上高の三分の一を使う会社だってある。こうした期待を担って支出されるマーケティング費用であっても、もし、その商品がうまくいかなければ、支出した費用はまさに水泡に帰してしまう。買った機械なら再販売できるだろうし、買った技術なら特許を通じてなにがしかの収益を確保することができる。しかし、販促費や広告費は、外に流出してしまって、企業には、そのあと何も残らないのではないか……。

しかし、その疑問は間違っている。商品を販売するために支出された販促費や広告費は、市場に向けた投資でもあるのだ。うまくやれば、たとえその商品が市場で受け入れられなかったとしても、企業にとっては重要な財産を残すことができる。それは、流通業者との絆（＝信用）であり、生活者との絆（＝ブランド）である。ここでは、ブランドについて話を進めるが、テーマは、その成長のマネジメントである。

1　ブランド・エクイティの構築・維持

デイビッド・アーカーは、ブランド・エクイティという概念を提起する。そして、その中身となる要素として、

①生活者がこのブランドでなければならないというロイヤルティをもっているかどうか、
②ブランドの名前が知れわたっているかどうか、
③そのブランドから高い品質がイメージされるかどうか、
④ブランドから質の良い連想が生まれているかどうか、

といった要素が含まれると言う。

気づかれたように、いずれの要素も、企業と生活者との繰り返しの関係の中から生まれてくるものである。何回か購入せずして、ロイヤルティもないだろう。ブランドの名前も毎日のよ

うに刷り込まれなければ、すぐ忘れ去られてしまう。高い品質イメージも、ブランドから生まれる豊かで深みのある連想も、毎日のマーケティング諸活動を通して、さらには購入・使用経験を通じて、獲得されるものである。

少なくとも企業にとってみると、ワンショットの広告や販促でそれらのエクイティ要素を得るのは難しく、日々のマーケティング諸活動の継続の中で得るしかないものなのである。つまり、ブランド・エクイティの構築には時間がかかるのだ。

しかも、日々の活動が、バラバラでは、得るものも得られない。たとえば、キャンペーンを打つごとに、商品の名前が違ったり、提示するイメージが違ったりするのではうまくいかない。あるいは、突然ディスカウントして、これまで使ってくれていた生活者の気持ちを逆なでするのもよくない。最近、某自動車会社がライバル社への対抗上、急遽価格を下げるという政策を打ち出していたが、その直前にその自動車を買っていた人にとっては、まことにもって不誠実ということになる。そして、当たり前の話だが、不良品を出してはいけない。

毎日のマーケティングにおいて場当たり的に手を打ってしまうと、一時的な売上げは上がっても、エクイティは下がることがある。脇の甘さが目立ってくると、エクイティを蓄積することは難しい。

そうならないよう、日頃から注意深く、かつ体系だったマーケティングを心がけないといけない。こうした注意深い体系だったマーケティング活動を通じて、市場において蓄積されていく資産、それがブランド・エクイティである。

このブランド・エクイティを維持し成長させる役割を担うのが、ブランド・マネジャーと呼ばれるブランド責任者である。ブランド・マネジャーは、ブランド・エクイティの構築と長期的維持に対して、責任と権限をもつ唯一の組織人である。ブランドから売上げを上げ、利益を稼ぐことは、もちろん大事。だが、売上げと利益に過度に意識を集中しすぎると、長期にわたる収益源であるはずのブランド・エクイティを毀損してしまう。そうなっては元も子もない。ブランド・マネジャーを置かずにブランドを管理することが難しいといわれるのは、長期を睨んだブランド・エクイティ維持の関心が薄れるためである。

2 ブランド・エクイティの成長プログラム

ブランド・エクイティを継続的に維持成長させていくために、長期的な視野をもった成長プログラムをもつ必要がある。その方法として、ブランドに関わる生活者市場を細分化して考えるのが、うまいやり方だ。具体的に、〈コカ・コーラ〉とか〈三ツ矢サイダー〉をイメージしたプログラムを考えてみよう。

まず、そのブランドの生活者市場を細分市場に分類する。「ブランドXを嫌いな人」、「ブランドXを、好きでも嫌いでもない人」、「ブランドXを、時々飲む人」、そして「ブランドXが大好きな人」といった類に分類する。ブランドXにとってみれば、どの細分市場も重要だ。ブランドXを大好きな「高いロイヤルティをもった層」は、次の機会において、一番ブランドXを買ってくれる確率が高い層である。しかし、そこだけにコミュニケーションを集中してよいわけではない。嫌いな人を好きにする努力も、飲まない人に飲んでもらう努力も、そして時々しか飲まない人にたびたび飲んでもらうための努力も、同じように重要だ。

分類されるタイプの数は、四つか五つか、状況により違ってくるだろう。大事なことは、タイプごとに、ブランドに対する生活者の利害・関心がはっきり異なるように、あるいはブランドと生活者との関係が異なるように、細分市場を分類することである。そうして設定される細分市場ごとに、それぞれ要求されるコミュニケーション課題は、当然のことながら違ってくる。

関係の違いによって、メッセージの意味がまったく逆になってしまう、これがコミュニケーションの不思議なところだ。親父が中学生の息子に「勉強しろよ」というと、息子は反抗してかえって机から遠ざかる。だが、信頼できる先生か先輩に同じ言葉をかけられたら、「頑張ろう」と思う。同じメッセージであっても、親と子あるいは先生と生徒、関係の如何によって、生み出される現実はまったく違ってくる。

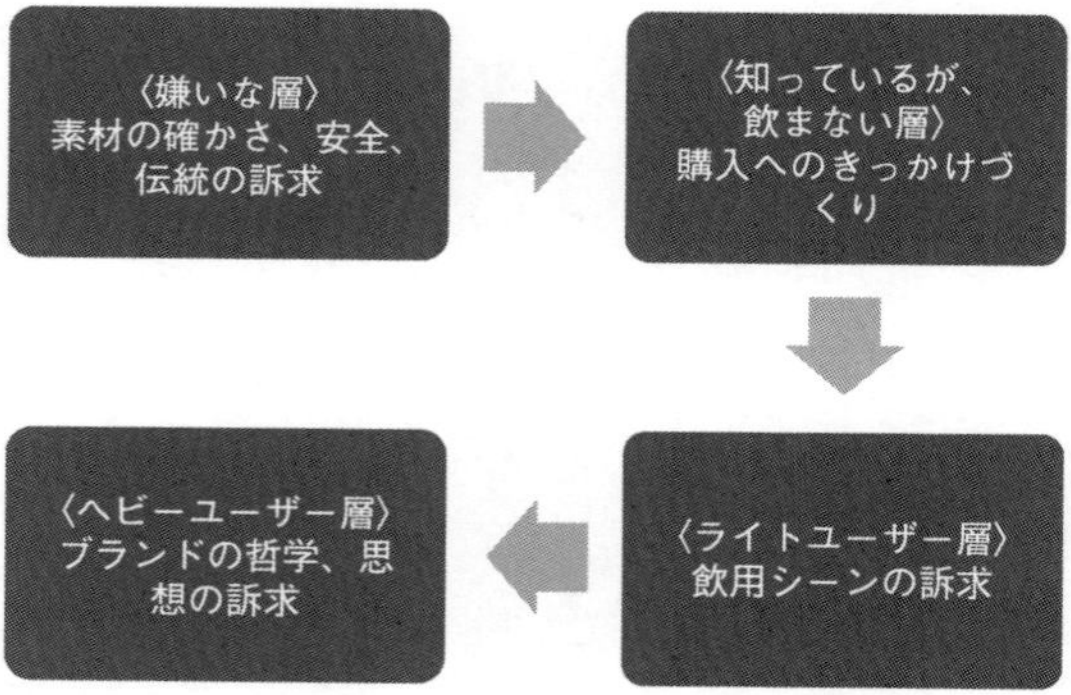

ブランドの細分市場とコミュニケーション類型

ブランドとの関係のありようが異なる、四つの細分市場に分けたのであれば、それに対応する四つのタイプのコミュニケーション戦略をもたないといけない。上図に、四つの層のそれぞれについて、コミュニケーションのテーマをあげている。これは、一つのブランド成長プログラムである。

図の左上は、「ブランドXが嫌いな層」。その層に向けてのふさわしいコミュニケーション・テーマは、「ブランドXが、これまで何十年もの間、飲料として変わらずに、高い評価を得てきたこと」を伝えることだろう。素材の確かさや安全性も訴求ポイントになりそうだ。

最近、流れている〈三ツ矢サイダー〉のテレビCMの一つ（品質編）は、そうしたものだろう。「透明はごまかせない」を謳い文句に、「磨かれた水、果実などから集めた香料のみを使い、非加熱製法の爽やかな味わい、また保存料を一切使わず、安心、安全、自然な透明炭酸飲料です」と訴え、「一二六年目の国民的炭酸飲料」としての歴史を伝える。

続く、「知っているが、飲まない層」に対しては、飲むためのきっかけとなる機会を提供することが重要だろう。ブランドXを買うと、著名な音楽祭やスポーツ・イベントに参加できるとか、プレミアムグッズが手に入るといった手法は、ブランドX購入へと直接に誘導するものである。こうしたキャンペーンは数多くなされるだろうが、ブランド成長の視点で言うと、狙いの焦点はこの細分市場にある。

第三の「時々しか飲まない層」に対しては、飲用機会についての気づきを与えることが重要だ。たとえば、「飲みたいなあ」と思ったときに飲む、というように個人的な気分にしたがって飲むだけでなく、仲間が集まる楽しいパーティーや、家族一緒の団らんなど、飲用にふさわしい機会が他にもありうることを認識してもらうことは、効果的だろう。

最後に、最上位の「いつもブランドXを飲んでいる層」に対しては、ブランドXがこれまで提唱してきた哲学や思想、あるいは社会的な存在価値の話がそのまま通じるはずなので、それをメッセージとして巧みに訴求すればよい。そうした深い哲学や思想の再確認・再強化を通じて、ブランドとしての鮮度が維持され、生活者にとって、歳をとってもいつまでも飲みたい商品として心の中に刻み込まれる。

3 学びたいこと

一つのブランドに、いくつものキャンペーンが時間を経て続いていく。それらの連鎖するキャンペーンを、手際よく整理し、ブランド・エクイティを育てるプログラムが、ここで言うブランド成長プログラムである。ブランドに関わる生活者市場を細分化して、それぞれの細分市場にアプローチする手法は、ブランドチームの定番の方法として手の内に入れておきたい。

その方法で最初にやることは、「今回のキャンペーンにおいては、どの層に訴求すべきなのか」を決めることである。顧客の絶対的規模が縮小している時期には、新しい生活者を狙ったコミュニケーションが採用されるだろうし、ブランド自体のアイデンティティが弱ってきているると思えば、ヘビーユーザー向けにあらためて高いロイヤルティを維持・高揚すべくコミュニケーションを図るだろう。

訴求すべき層が決まれば、やるべきコミュニケーションの目的と内容の指針は比較的簡単に決まるだろう。大事なことは、自分のブランドの目指す層を定めること、そしてそれに合ったコミュニケーションのやり方は無数にあるというものではないはずなので、オプションとしてあらかじめ準備しておくこと、である。この課題ならこのやり方という形で準備する、つまり

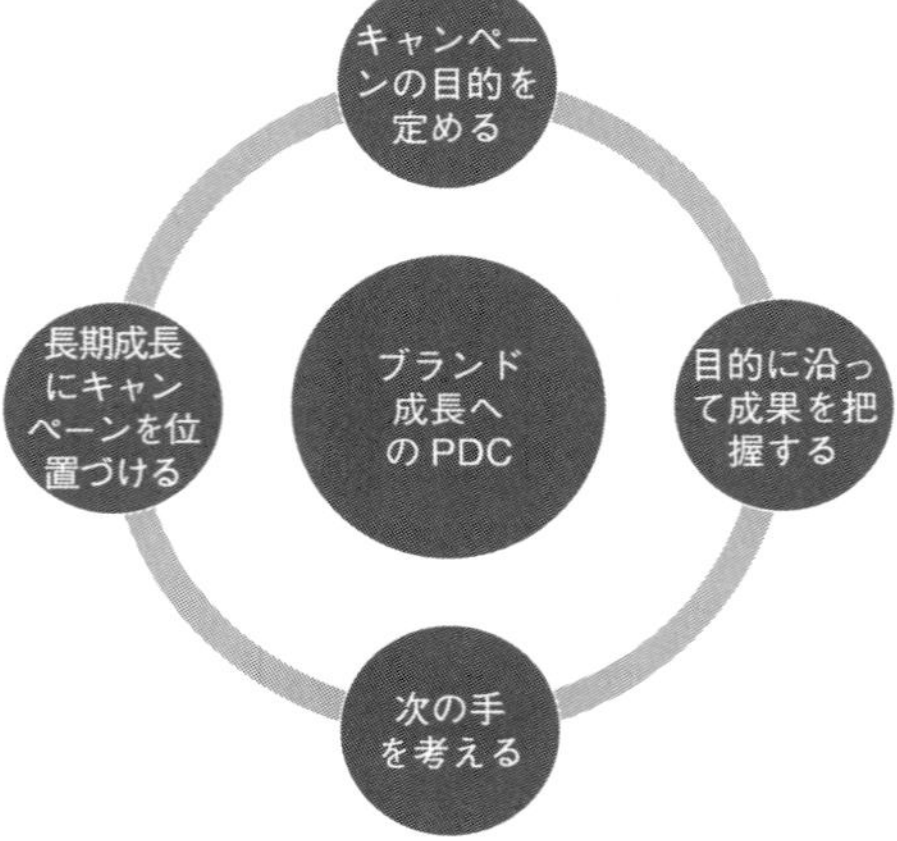
キャンペーンの目的を定める
目的に沿って成果を把握する
次の手を考える
長期成長にキャンペーンを位置づける
ブランド成長へのPDC

「予期して備える」のはマネジメントの要諦だ。

マネジメントでもう一つ大事なことはＰＤＣ(Plan/Do/Check)のサイクルである。ここでもそうだ。「ブランドが嫌いな層に向けて打ったキャンペーン」は、もちろんその他の層の生活者にも良い影響を与えることが予想される。だが、それはあくまで副産物。主たる狙いは「嫌いな層」にあって、その層に属している生活者が、そのキャンペーンの後、ブランドXに対する気持ちが変わったかどうかを確認することが何にも増して大事である。キャンペーンの成否はともかく、確認しないことには次に打つ手が出てこない。

ブランドに対しては、長期にわたる慎重な配慮が必要だ。

一つひとつのキャンペーンを、中期ないし長期のスパンで考えてその流れの中に位置づける。

一回一回のキャンペーンに対する目的（目指す相手）を確定する。

キャンペーンの成果をその目的に沿って把握する。

それに応じて次なる手を考える……。

こうしたサイクルを動かすのは、ブランド・マネジャーしかいない。ブランドが生活者との関係において重要な媒体になったとき、ブランド・マネジャー制は不可欠の制度となる。

第14章　ブランド・エクイティに基づいて企業を経営する

長期にわたって対生活者に向けて宣伝や販促活動を行い、製品改良に努めていると、時間を経て生活者の中で信用や評判が作られる。それが商品名（ブランド名）に集約されたとき、ブランドという「財産（エクイティ）」が誕生する。

しかし、ブランドという財産、つまりブランド・エクイティは、時間と共に自然にできあがるというものではない。SASやレッツノートのように、まず、ターゲットに向けて焦点の合った活動をとることが大切だ。ターゲットを絞り、ターゲットにとっての価値を鮮明にし、その価値を提供できるよう徹底して業務プロセスを改革し、あるいはその価値に合わせて製品／価格／販売促進／流通ルートを統合することが必要であることについては、すでに述べた通りである。

さて、ここではそうして築かれたエクイティを、どうケアするのか。この問題を扱う。しかし、ブランドをケアすると言っても、何のためにということになるので、まずブランドがマーケティングにおいてどのような役割を果たすのか、その点を簡単に整理して理解しておこう。

1　ブランドの機能

ブランドが現実に果たす機能は、以下の三つである。

第一は、他との違いを識別すること。ブランドという言葉のそもそもの語源が、家畜に押した焼き印である。「これは私の家畜だ」「これは、私が作ったものだ」ということの証明がブランドの起源だ。

家畜の証明の話をすると、この機能は昔の話のように聞こえるかもしれないが、そうでもない。よく似た商品が乱立しているとき、この機能は現代でも重要だ。「昨日買ったデザートは美味しかったので、今日も」と思ってスーパーマーケットへ行ったところ、同じようなパッケージの商品が並んでいて、昨日食べたのがどれかよくわからないなんてことがよく起こる。こうなると、メーカーとしてもせっかく美味しいデザートを供給した甲斐がない。売れた商品に対して、即座に類似商品を出すメーカーや、ＰＢ商品を出す小売業者があるが、多くの場合、よく似たパッケージでよく似た名前になっていることが多い。先発企業は、それを防ぐために、生活者にはっきりとそれとわかる名前、ロゴ、カラーを付けておくべきなのだ。

ブランドの第二の機能は、信用供与である。他の商品ときちんとした識別がなされ、生活者が何回か購入経験を積んでくると、この名前が付いている商品は安心できるという感覚が生まれる。つまり信用が生まれるわけだ。信用が生まれると、その名前で新しい商品を発売しても、安心して購入してもらえる。その意味で、ブランドが生活者に認知され、さらにそれの購入経験を積んでもらうことで、企業は信用という大きい財産を得る。

ブランドの第三の機能は、そのブランドが生み出す連想である。キットカットを見たときに、受験グッズという連想が働いたとしたら、それは企業の大事な財産である。「レッツノートと言えば、モバイル。モバイルPCと言えば、レッツノート」という具合に、モバイルPCという「市場カテゴリ」とレッツノートという「ブランド名」がしっかり結びつけば、強力な販売支援になる。そのことについては、第II部で述べているので繰り返さなくてもいいだろう。

†ブランドは、企業と生活者との間の架け橋

ブランドが、以上に述べたようなマーケティング上の機能を十分に果たすようになれば、ブランドは企業にとってかけがえのない、「市場で生まれた財産」となる。そして、第III部の導入のところで述べたように、ブランドは企業と生活者、お互いの関係の架け橋になる。図を再

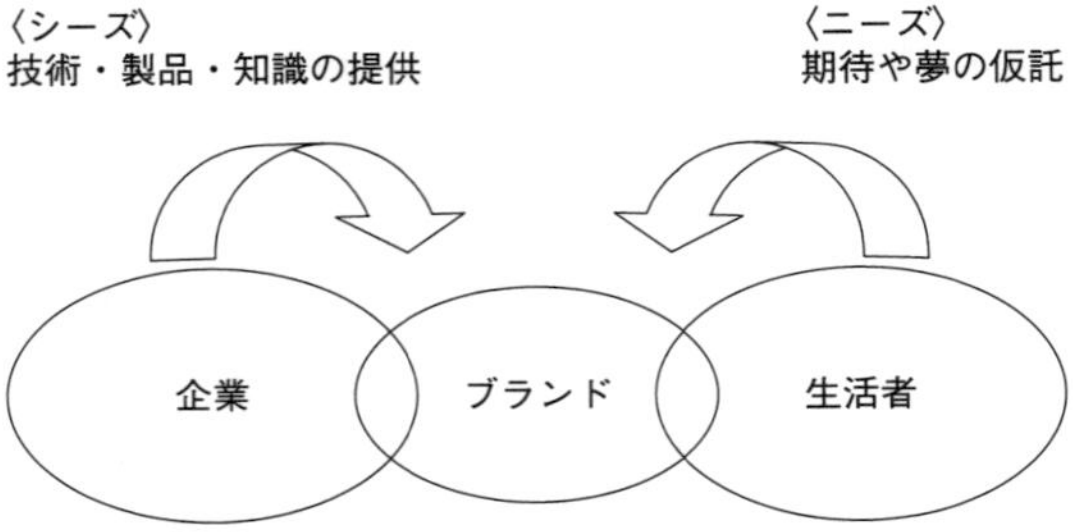

企業と生活者の架け橋となるブランド

掲しておこう。

この図は、ブランドの大事な要件を二つ示している。

第一に、ブランドは、たとえ企業の財産と見なされることはあっても、企業の所有物ではない、ということである。半分は生活者の所有物でもある。そのことを如実に示したのは、一九八七年に起こったニューコーク事件である。

かつてコカ・コーラ社が一九万人相手の調査を行って、自信満々、コカ・コーラの味を新しい味に変更した。しかしそれが、生活者の猛反発を食らって、元に戻さざるをえなくなった。こういう事件である。コカ・コーラ社にしてみれば、圧倒的に多くの生活者が「これが美味しい」と言ったその味を、新しい味として提案したにもかかわらず反発を受けたわけである。つまり〈コカ・コーラ〉というブランドは、それを生産する企業がその味を簡単に変更できない存在になっていたのだ。この事件は、ブランドをもつ多くのメーカーにとって衝撃的な事件となった。ブランドが「企業の所有物ではない」というのは、企業のたんなるリップサービスにはとどまらないのである。

第二に、ブランドは、企業にとって生活者との継続的な交流関係を続けるための貴重な場であることを示している。

この架け橋がしっかりしていれば、生活者は、そのブランドに向けて（そしてそのブランドを媒介に企業に向けて）、期待や夢を託すだろう。他方、企業も、その架け橋となるブランドに似合った、あるいはふさわしい次の技術や製品を求め、そこにそれらを投入しようとする。

たとえば、ウォークマンというブランドを考えてみよう。ウォークマンは、現在はｉＰｏｄに押され気味で人気も低迷している。この何年か、『ビジネスウィーク』や『ニューズウィーク』、あるいは『日経ビジネス』などでｉＰｏｄが取り上げられるとき、その傍らにはいつもウォークマンが取り上げられた。しかも、「ｉＰｏｄの成功に対比される引き立て役として」である。「ｉＰｏｄより、何年も早く同じシステムを開発していたにもかかわらず、どうしてそれがうまくいかなかったのか」から始まり、「現在のウォークマンがいかに魅力に乏しいか」に至るまで、あらゆる悪い点が列挙された。

しかし、それでも名があがるだけマシなのだ。現に、日本には同じような携帯用音楽機器を製造するメーカーは少なくないが、ここでは存在しないのも同然の扱いだ。これまで多くの企業が携帯用音楽機器を開発し市場導入してきたが、唯一ウォークマンのみがこの分野でブランドとしてのエクイティを確立していたことを示している。そして、今はウォークマンに対する不平不満ばかりであるが、それはいわばウォークマンに対する期待や夢の裏返しでもあるのだ。その意味でソニーは、ウォークマンを通して、他のメーカーがもたない生活者との架け橋をもっている。ウォークマンには、その意味でまだまだ復活する可能性が残されているのである。

その一方で、ソニーのウォークマン開発担当者は、いつも〈ウォークマン〉にふさわしい技術や製品を探し求める。このタイプの機器の開発企画のスタートは、〈ウォークマン〉という名前で始まるのだ。「ウォークマンにふさわしい技術とは何か」、「ウォークマンにふさわしい製品とは何か」といった具合に……。ふつうの企業の開発の場合、製品仕様が決まり、ターゲットも訴求点も決まってから、商品名が決まるが、それとは一八〇度違っている。〈ウォークマン〉らしさを追求するその中で、技術をはじめとしてウォークマンの将来が決められていくのである。

エクイティをもったブランドとは、こうしたものなのだ。それに対して、企業の課題は、当然、そのブランド・エクイティを維持することでしかない。エクイティが崩れないよう手を打つこと、そしてそのために手を打つ必要があるかどうかを判断するための、ブランド健康診断が必要なのだ。まずは、ブランド・ポートフォリオ、ブランド・パワーの話から始めよう。

2 ブランド・ポートフォリオ・マネジメント

一般に顔の見えない生活者相手のプロセス・マネジメントの舞台は、ブランドになる。企業のマーケティングの最大の課題は、その舞台（場）に対して、どれだけ投資をするかの判断を誤らないことだ。そのために、ブランド・ポートフォリオの手法が用いられる。

製品（ないしは事業）ポートフォリオという手法は、読者の皆さんにはおなじみかもしれない。簡単に、コラムに解説しておく。

製品ポートフォリオ

社内に複数の製品をもっているとしよう。それらを、それぞれの、①市場成長の軸と、②市場シェアの軸とで評価する。成長性の高い市場にあってシェアが高い製品は「スター製品」。成長性は低いがシェアが高い製品は投資が少ない分、お金を稼いでくれる「金の成る木」。成長性は高いがシェアが低い製品は、利益を稼がず投資だけが嵩む「問題児」。そして、成長性もシェアも低い製品はその存在すら意味のない「負け犬」、といった事業の仕分けが行われる。

この分析により、社内資源の製品（事業）間での配分が行われる。

企業を「ブランドの束」として経営する企業では、ポートフォリオは、製品ではなく、ブランドを単位として行われる。つまり、社内資源配分はブランド単位で行われる。たとえば、花王には、〈アタック〉や〈ビオレ〉など四〇を超えるブランドがあり、それぞれのブランドのパワーが測定されている。パワーの中身については後に示すことにして先に進もう。

それらの測定されたパワーは、次頁の図に示すように、自社の他のブランド群、同一市場の他社ブランド群、あるいは過去の自身のパワーと比較される。

たとえば、五年前に比べて、あるブランドのブランド・パワーが衰えているケース。この場合には、そのパワーを元通りに回復するために、新たに何か資源を投入する必要があるだろう。逆に、パワーが競争ブランド群に比べて圧倒的な優位にあり、しかも継続的に揺るがないケース。この場合は、新たに資源投入をする必要は乏しい。

このようなやり方で、ブランド・パワーを相対比較することを通じて、それぞれのブランドにどれだけ資源を投下するのか（あるいは、しないのか）が決められる。これがブランド・ポートフォリオの基本的な考え方である。

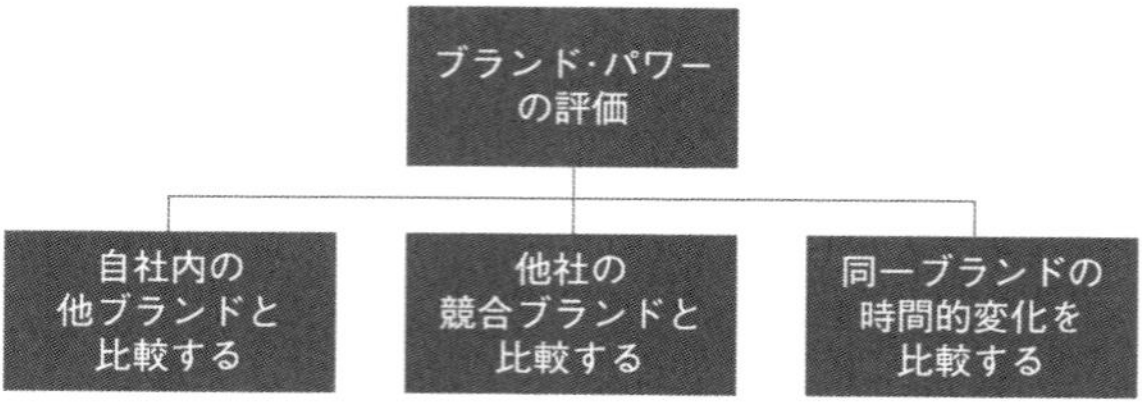
ブランド・パワーの評価
自社内の他ブランドと比較する
他社の競合ブランドと比較する
同一ブランドの時間的変化を比較する

ブランド・パワーを比較する

†どの局面に投資するのか：ブランド・パワーの測定

それぞれのブランドに、どれだけの資源を投資するかだけでなく、いずれの部面に投資するのかも、このポートフォリオのフレームから明らかになる。

さて、ここでブランドのパワーの考え方と測定の問題に入ろう。ブランド・パワーは、いくつかの指標の総合値として計算される場合がほとんどだ。「生活者が、そのブランドの名前を聞いて思い出せるかどうか」（再認率）は大事な指標となる。「競合ブランドの中で一番に思い出してもらえるかどうか」（再生率）も重要だ。それ以外にも、いろいろな指標がある。まとめて、次頁の図に示しておこう。これら以外にも考えられるが、代表的なものはこのあたりの指標である。これらの指標は、生活者相手の質問表調査を通じて測定される。

†ブランド・パワーの効能

そのブランドパワーを用いてブランド・ポートフォリオ表が作られ、社内の資源がブランド間に配分される。だが、これらの指標は、単にブランド・パワーを測定するための方法と言うにとどまらない。それらは、投資の戦略上の方向性をも指示する。

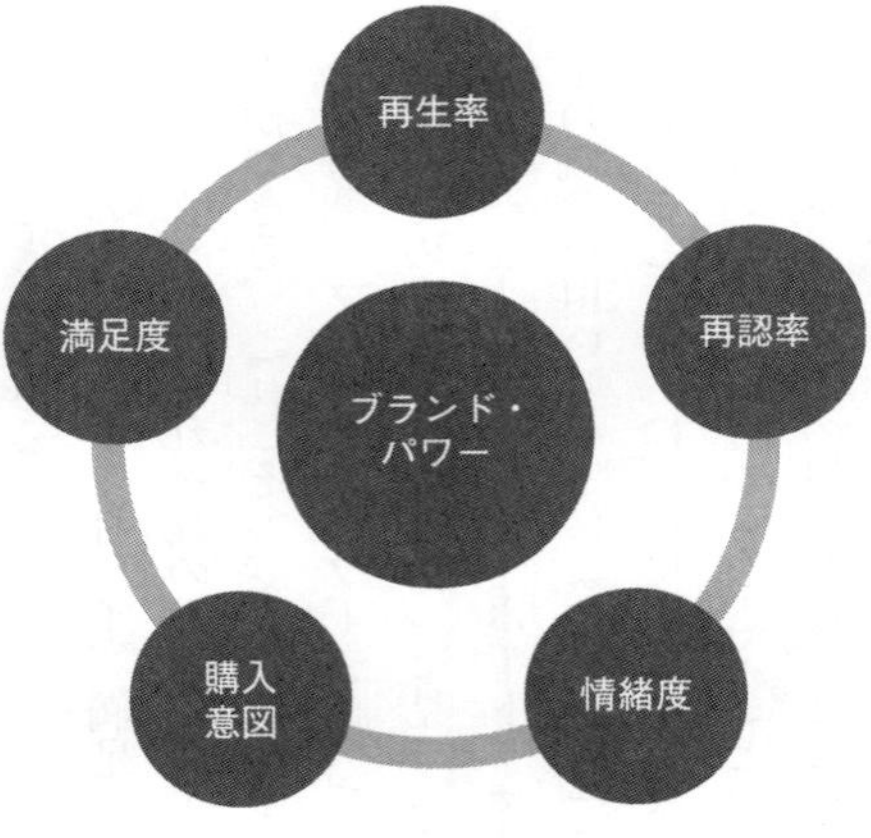

ブランド・パワーを構成する要素

たとえば、ブランド・パワーが前期に比べて落ちているとしよう。その原因が、再認率や再生率の下落にあるのなら、再認率や再生率を改善すべく、広告をはじめとするコミュニケーションに投資すべきだろう。使用満足度の下落にあるなら、品質の問題があるのかもしれず、品質改良に力を注ぐ必要があるかもしれない。情緒度に問題があるなら、ブランドを新鮮にするために何か新しい機能や成分を入れて、アピールする必要があるのかもしれない。そうだとしたら、技術開発上の工夫が必要になる。どの指標が悪化しているのかを精査することで、広告部門の問題なのか、工場部門の問題なのか、あるいは開発部門の問題なのか、判断する手がかりを得ることができる。

認知度の悪化に対する打つ手、満足度の悪化に対する打つ手、情緒度の悪化に対する打つ手といったように、それぞれの指標の変化に対して、対応策の広がりをあらかじめ準備しておくことができる。これこそ、「予期して備える」マネジメントである。

毎期毎期、ブランド・パワーを調べていると、こうしたブランド・パワーの変化がわかる。そして、その変化を指標に沿って見ていると、改善点がピンポイントで理解できる。これがブランド・パワーとブランド・ポートフォリオの最大の長所なのである。つまり、ブランド・パワーの概念を用いることによって、第一に、ブランドという場の変化をいち早くとらえることができること。第二に、パワー低下現象の原因を見きわめることができること。そして第三に、原因の違いによって打つ手を選ぶことができること、この三つがカギである。

ブランド・パワーの概念がないとしたら大変だ。その場合、ブランドの変調はその売上げの変調によって見つかる。変調がわかって、その原因を探ると、製品の機能や品質から始まって、パッケージやコミュニケーションの局面まで、いろいろの原因があがってくる。ブランドの売上げ変調の理由を考えだすと、不調をもたらした要因候補はいっぱいある。その結果、「全面変更」という答えが出てきてしまう。

それに対して、ブランド・パワーの概念をもてば、問題の由って来たる原因をきちんと見きわめることができ、それに即して打つ手が選ばれ、そしてピンポイントでの改善対応が可能になる。

3　学びたいこと

ブランドを通じて企業を経営するにあたり、次の三つのやり方を学んでおきたい。

†ブランド・パワー

顔の見えない顧客、つまり不特定多数の生活者を相手にした事業において、生活者との関係をマネジメントするには、ブランドという媒体を使うしかない。生活者との交流の「架け橋」としてブランドを作る。そして、その架け橋が、時間と共にあるいは競合相手のそれに比べて、強くなっているのか弱っていっているのかを見きわめること、これがブランドにおけるマネジメントのカギになる。

体調を計るために、体重や血圧という尺度が用いられる。それら尺度の数値の変化は、体調変化のバロメーターだ。それと同じように、ブランドという生活者との交流の架け橋の健康度(パワー)を記述するのには、認知度や理解度といった限られた要素が用いられる。

✝ブランド・パワーに基づくブランドの改善策

ブランドのパワーを測定することの最大のメリットは、それによって改善すべき点が「ピンポイントで明らかにされる」点にある。

ステップで言うと、

①生活者との長期にわたる交流の架け橋となるブランドを構築すること、

②ブランドの健康診断を行うこと、そして

③その架け橋に悪いところがあれば、そこだけをピンポイントで改良していくこと、である。

マーケティングの全面変更は、成長期であればともかく、成熟期になるとコストがかかりすぎて大きい負担になる。先に述べた架け橋の状態を慎重に吟味しながら、改善すべき点をピンポイントで見きわめて、架け橋を修繕することが必要になる。

✝ブランド・ポートフォリオ

ブランドを軸に経営する企業においては、社内資源配分の基礎単位はブランドである。それらブランドのパワーが測定され、それらと社内の他のブランド、業界の競合するブランドと比較することで、ブランドベースでの資源配分を実施できる。

ブランドをベースに企業を経営することのメリットの一つは、製品や技術をベースにした事業部制に比べて、顧客・生活者の微細な動きをくみ上げて、顧客・生活者の変化動向を直接、資源配分に反映できる点にある。市場変化に対する適応力が企業の生存・成長のカギであるとすれば、そのメリットは小さいものではない。

第15章 営業プロセスをマネジメントする

営業と言っても、いろいろある。一方で、住宅や自動車のように一度買うと、「次に買うのはいつだ」というくらい、生活者の購入に至る時間は長く、一つの契約を結ぶのに、何度も交渉が重ねられる商品の営業がある。他方、食品メーカーによる対流通業者営業のように、毎日のように商品が取引される営業がある。この二種類の営業は、表面だけを取り上げると大きな違いがあるようだが、顧客との関係のプロセスをマネジメントするという、この一点では変わりはない。

本章と次章では、この二つの営業を取り上げる。本章では、購入に至るまでに時間がかかる営業の、新しい姿を紹介することにしよう。事例で取り上げるのは、住宅販売の営業である。

1 住宅メーカーの営業

現代の住宅営業は、昔のそれとは様変わりの状況である。営業は、プロセス化され、標準化され、組織で行われる。そして日々の営業活動の記録は、きちんと情報データベースの中に整理統合され、今日の活動や経験が明日の営業活動に結びつくような工夫が行われている。

積水ハウスはその代表的な会社であるが、同社は二〇年ほど前から、顧客の発見、契約締結、アフターフォローという一連の営業のプロセスに、いくつかの仕組みを設けた。その第一はモデルハウス、第二はデータベース、第三は工房、第四はカスタマーズセンターである。順に見ていこう。

†モデルハウス

まず積水ハウスは、各地の住宅展示場に自社のモデルハウスを設置した。「家を買おうかなあ」と思った生活者のほとんどは、まずここにやってきて、モデルハウスの中を案内してもらう。住宅の安全性や耐久性から始まって、風呂や台所などに備え付けられた新しい住宅機器の便利さも、よくわかるように説明してくれる。

帰りがけに、アンケートへの記入が要望される。住所、氏名、年齢、職業以外にも、家族構成や所得、さらには住宅購入の意図があるかどうかまで質問される。生活者の方も関心があり資料も欲しいので、真面目に記入する。こうして、住宅購入の潜在顧客のプロフィールを、住宅メーカーは手に入れる。

†データベース

そのアンケートの回答は、もちろん本社のコンピュータの中に収められる。毎日各モデルハウスから何十何百となく集まってくるので、膨大な潜在顧客データベースができあがる。担当者は、それらアンケート票を整理し分析することによって、潜在顧客の傾向もわかるだろうし、慣れてくると、回答した顧客が住宅をどれくらい欲しいと思っているかさえ、アンケート票から見て取ることも可能かもしれない。こうして、潜在顧客から顕在顧客を抽出することができる。

†工房

顕在顧客だとわかったお客さんに対しては、営業担当がおもむろに訪問する。すでに住宅を買いたいと思ってモデルハウスに行った顧客なので、訪問しても邪険にされることはない。ここで、「わが社の製品を、ぜひ」という営業トークが始まるのだが、積水ハウスの場合、それはちょっと後回しになる。「住宅をご購入するにあたっては、いろいろと課題も多いはず。一度、私たちの工房に来て頂いて、研究員と一緒にご家族にふさわしい住宅とはどんな住宅かを検討してみられたらいかがでしょうか」と工房行きを勧める。

その工房は生活者にとって、住まいの実験の場になる。来所した顧客は、実際に使える形になったさまざまなタイプのキッチンで、調理台の高さや奥行きの幅を自由に変えながら、自分に合ったキッチンの条件を探ることができる。バスルームやトイレも同じだ。さらに、階段の高さと幅、部屋の防音性等々、住宅を買う気になった主婦には試したいことはいっぱいある。

こうしたステップをたどって、生活者とメーカーとの絆が生まれる。工房に来た生活者が、その住宅を買う率は高い。そして、いくつかの要件をこなして契約・施工に至る。

†カスタマーズセンター

実際に住宅が購入されてからも、顧客からの要望は多様だ。修理や改装、模様替えや改築、売却もある。それらすべてに応えるのが、カスタマーズセンターの役割だ。すべての要望を聞く窓口であり、要望に応じて、インテリアデザイナーや園芸家など、専門家を派遣して要望に応える。

さて、展示場での案内から始まってお客様センターに進むステップは、昔流の営業であれば一人の営業担当でこなしていた仕事だった。彼（女）は、自分でお客さんを探し、そのお客さんに自社の商品の特徴を説明し、お客さんの家づくりの疑問に答え、モデルになりそうな既存の住宅を見つけて案内する。そうした活動を経て契約を交わす。さらに、購入後に起こるさまざまな問題や不満に耳を傾け、解決できるものは解決する。こうした仕事のすべてが一人の営業担当の仕事だったのだ。

お客さんとの信頼関係を作らなければ、これだけの仕事をこなすことはできない。だから、住宅を買ったお客さんは、世話をしてくれた営業担当のことは何年経っても忘れない。お客さんとの信頼関係づくり、これこそが伝統的な営業の極意でもあるのだ。「モノを売る前に、まず自分を売れ」というのは、営業のベテランがいつも口にする言葉だ。

しかし、である。積水ハウスが考えたこの四つの仕掛けは、そうした営業スタイルとは違っている。そのやり方は、「プロセス・マネジメント」という名で呼ぶことができる。

2　プロセス・マネジメント

†実施上の三つのポイント

プロセス・マネジメントのやり方のコツの第一は、お客さんの購買ステップにしたがって営業ステップを対応させることである。一般的に言うと、お客さんの購買ステップは、問題の認識から始まる。その後、関心の度合いを深め、問題の理解を深化させ、情報を探り、代案を比較し、どれにするか態度を決め、そして選択する、というステップをたどる。営業ステップも、それに合わせないといけない。

なぜなら、ぼんやりと「家が欲しい」と思っているときに、専門の住宅研究者が出て行って説明しても「糠《ぬか》に釘」になりかねないからだ。他方、新築することに決め、一緒に住む家族構成も決まり、予算も確保できた段階で、モデルハウスの案内係や営業担当が説明しても、お客さんは納得しないだろう。お客さんの問題意識のレベルに応じて、問題解決の方法も変わらないといけない。

二つ目のポイントは、営業のミッション(基本の役割)を明確化することである。「営業の課題は、お客さんの問題解決である」と高らかに宣言できると一番良い。「じゃあ、売上げは?」という疑問が出てくるが、できれば営業担当からは売上げノルマを外したい。

先ほどの住宅メーカーのケースを見てみるとわかるように、この営業の過程には「売り込みたい」という気持ちはあまり出ていない。モデルハウスの案内人はモデルハウスのことをよく知ってもらいたいと思い、工房の技術者はお客さんの要望を摑んでその答えを見つけ出したいと、まずは考える。もちろん、自社の商品を買って欲しいだろうが、役割上、お客さんの期待に応えることが優先になっている。それが大事なのだ。

加えて、販売促進と営業を区別することが大事だ。ここで販売促進とは、お客さんを見つけて、お客さんを買う気にさせるまでの仕事を言うが、営業担当にこの販売促進の仕事をさせないことだ。営業担当に販売促進の仕事も担当させると、営業担当は何人いても足らなくなる。なぜなら、販売促進はその定義から言って、潜在顧客を相手にする活動であるからである。潜在顧客を相手に活動を始めれば、営業担当は何人いても足らないというのは自明のことだ。

三つ目のポイントは、マネジャーの仕事を明瞭にすることだ。マネジャーは、自分に与えられたヒト・モノ・カネという資源を有効活用することが仕事である。部下である営業担当が、どのようなお客さん（案件）を抱えているかを把握することや、今現在それぞれの案件がどのステップまで来ているのかを把握することが大事だ。顧客A案件は工房をご一緒した段階。顧客B案件はデータベース上で有望とされる案件。顧客C案件は契約日が確定した段階、といった風に把握することである。

そうした手持ちの案件がいくつあるのか、各案件はそれぞれどの段階にあるのかをきちんとチェックすることが、マネジャーの一番大事な仕事である。そのために、各営業担当から、お客さんとの商談内容についてきちんと報告を受け、それを記録に残しておくことが大切だ。ゆめゆめ、営業担当の印象や思いで、案件の状態を把握しないことだ。

案件の現状がわかれば、順調に進んでいる案件はどれで、行き詰まった案件がどれかも、わかる。行き詰まった案件の内容を調べて、担当にアドバイスしたり、担当を入れ替えたり、その案件をあきらめる決断も必要かもしれない。マネジャーにとって、手持ちの資源の中で一番大事な営業担当というヒト資源を、可能性の乏しい案件に振り向けないようにすることである。

†プロセス分解の効能

営業のプロセス分解には、どのような効能があるのだろうか。直接の効能と顧客にとっての効能がある。いろいろ見てきたが、整理しておこう。

第一の効能として、すべてのステップを一人でこなすケースに比べて、一つのステップに限定された仕事なら簡単にできそうだということがある。「住宅を一つ、売ってこい」と言われると難しいが、モデルハウスの案内や、データベースの分析ならできそうだ。新人にも、住宅営業のやり方を一つずつ（ステップごとに）教えていくこともできる。

第二に、プロセスをステップに分けることで、営業の仕事のどの部分がわが社にとって大事なステップなのかがわかる。その結果、重要性の低いあるステップをアウトソーシングすることもできるようになる。

第三に、一人の営業担当が全部のプロセスを担当する場合には、需要が急激に増えたときの対応は難しい。だが、プロセスが分業されていると、ステップ間で担当者を回したりすることで柔軟に対応できる。その結果、仕事におけるムリ・ムダ・ムラが少なくなる。

顧客にとっても、効能は大きい。第一に、自分の変化する課題に応じて、専門の担当者が対応してくれる。第二に、ムリな売り込みが来ない。モデルハウスではモデルハウスで、工房は工房で、それぞれの問題に対する解決を図ってくれる。第三に、一人の営業担当が相手ならば当たりはずれがあるが、組織的に提供されるので、安定したレベルのサービスが提供される。

結果として、顧客満足度も改善することが期待される。

3　学びたいこと

プロセス・マネジメントの直接の効能と顧客にとっての効能を紹介したが、とくに注目したいのがマネジメント上の効能だ。マネジメント上の効能として、次の四つがある（石井淳蔵『営業が変わる』岩波アクティブ新書、二〇〇四年）。
（1）案件の進捗《しんちょく》がマネジャーや経営者に目に見えるようになる。逆に一人の営業担当にすべてを任せていたときには、各営業担当がどれだけの案件を抱えていて、それぞれの案件がどれだけ進んでいるのか、あるいは行き詰まっているのかを把握できない。
（2）顧客情報をストックできる。大手住宅メーカーともなれば、常時、数千件、数万件の案件が動いているのだろうが、案件の進捗が記録に残され、それらがストックされる。

加えて、工房では、毎日何十人何百人とやってくるお客さんがいろいろと試したり質問したりしたことが、データとして蓄積される。それは、今後の商品開発や設計、営業提案の知識となって生かされる。

(3) 案件ポートフォリオを作成することで、売上げや収益の予測・管理が可能になる。すべての案件が組織的に把握され、その進行が見えるようになったことで、売上げが予測できる。

①モデルハウスへの来場数、②データベースで有望と見なされた顕在顧客数、③営業担当が訪問済みの顧客数、④納得工房に訪問した顧客数、⑤訪問後契約が確定した顧客数……、といったように段階を構成すれば、各段階にいくつの案件があるのかがわかる。

たとえば、昨年対比での案件数の比較という形にすると、次頁のような図表になる。仮想の図表だが、この図表を見ると、今年の案件数には少なくとも二つの問題があることがわかる。

①一段階の今年の案件数がかなり落ちている。一段階から五段階まで平均六〇日かかるとすると、六〇日後の売上げはかなり落ちると予想される。

②四段階から五段階にかけて、かなり落ちこぼれる案件がある。どうも工房での対応が問題あるのかも、といった具合である。

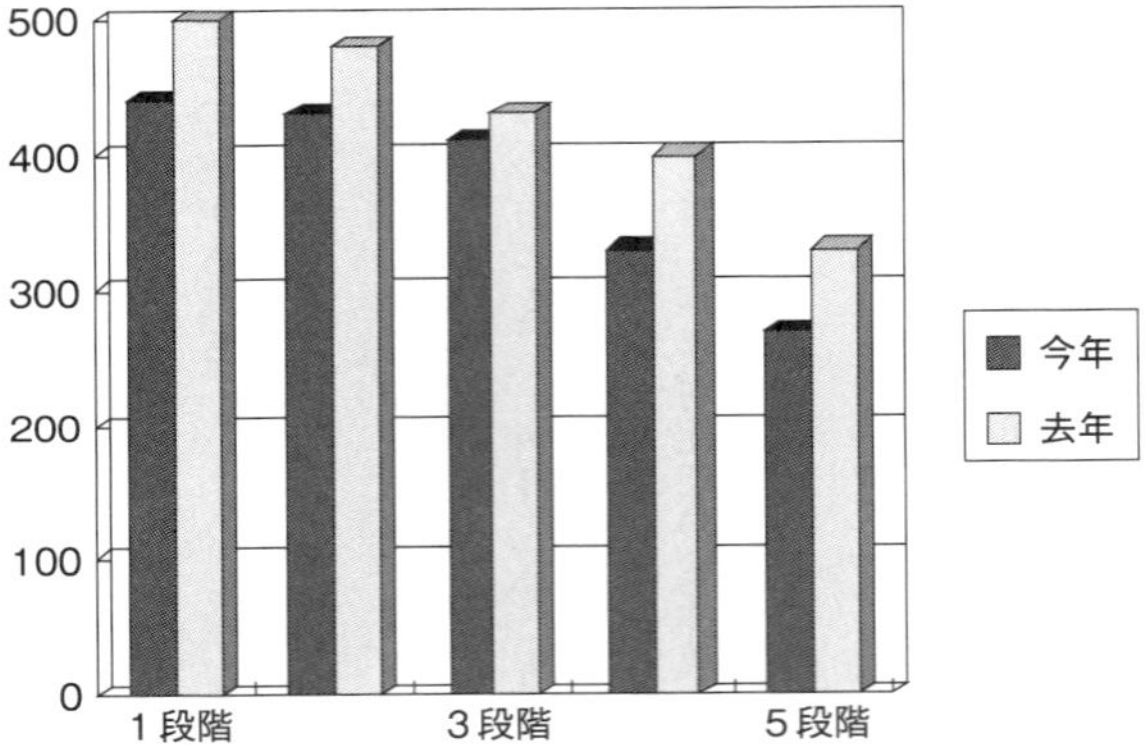

案件ポートフォリオ：段階ごとの案件数（昨年対比）

（4）経営者が、上図に示すような案件ポートフォリオをもっているかどうかで、経営の質は大きく違ってくる。このような図表をもたない経営者（つまり、営業担当にお客さんとの関係をすべて任せきりにするような、営業のやり方をとっている経営者）は、事態が悪化しつつあることや、それもさらに悪化しそうなことに気づくことはない。気づいたとしても、営業に「とにかく頑張れ」というしかない。

しかし、営業をステップに分割し、営業担当に案件の進行具合を常に報告させる営業の仕組みを作った経営者なら、現況と共に今後の動向もかなり正確な情報でもって予測できる。つまり、その経営者は、「予期して備える」マネジメントが可能になる。第一段階案件が実際に契約に結びつくのは、平均して六〇日後だとわかっていれば、落ちこぼれ率を勘案して、六〇日後の売上げの予測がつく。それが目標に及ばないとすれば、すぐさま手を打つことができる。たとえば、モデルハウスへの来客を促すキャンペーンを打つ。あるいは、お客さんの問題解決をスピードアップして、五〇日で契約に結びつくよう、営業担当を支援する。といった方策が考えられる。あるいは、工房での対応に問題があるというなら、あらためて工房向け支援策を立てる。先の図表を見ながら、次に打つ手も見えてくるのだ。つまり、ステップに分解することで、①どこに問題があるのか、②どんな手を打てばよいのかが、自ずと見えてくるのである。

マネジメントとは、将来起こりうることを予期して、それに備えること。「予期して備える」である。何が起こるかわからない市場に対して、組織が生き延びていけるのは、「予期して備える」装置をもっているからなのだ。

第16章 チャネルをマネジメントする

本章は、消費財メーカーの流通チャネルに向けた（営業）マネジメントがテーマだ。消費財メーカーの多くは、二つのタイプのマーケティング・マネジメントを実施している。

第一は、生活者相手のマーケティングである。不特定多数の生活者を相手に、その一人ひとりに営業という形、つまり人で対応するのは難しい。住宅や自動車や事務機のような高額商品でないと、営業担当を最終ユーザー一人ひとりに付けることはできない。そのため、不特定多数の生活者を相手にするマーケティングにおいては、人以外の媒体を使わざるをえない。先に紹介したブランドはその代表である。

消費財メーカーのもう一つのマーケティングは、それとは対照的に、特定少数の買い手に対するマーケティングである。サントリーやカルビーなどの取引相手は、最終生活者だけではない。まず、最終生活者に商品が届くためのチャネルの業者がいる。卸売業者や大手チェーンストア本部は大事な取引先である。あるいは、加工食品メーカーともなると、レストランや居酒屋などの業務ユーザーがいる。これらの取引先は、一つひとつ顔の見える取引相手であり、ここでは人、つまり営業が活躍することになる。

多くの消費財メーカーは、チャネルとブランド、この二つを両輪としている。本章は、このうちの一つ、チャネル営業のマネジメントを考える。

1 食品メーカーの営業

さて、前章でも述べたように、営業の世界は個人技の世界と見られることが多い。一昔前は有力大手メーカーでも、そのほとんどが営業担当にノルマを与え、その成果を競わせながら売上高を上げていくというやり方を採用していた。「契約を結ぶまで粘り抜け」、「モノを売らずに人を売れ」、「先輩の背中を見て学べ」などと教えられ、度胸試しと言われて飛び込み営業が促された。そうした戦国武者の戦に似た姿は、今ではかなり姿を消した。今は、「えいえい、我こそは」と言って戦いを始めるような個人営業の時代ではなく、組織の営業に変わっている。

メーカーと、セブン‐イレブンやイオンなどのチェーン小売店の本部との取引を考えてみよう。これまでであれば、メーカーは、小売本部に対して自社商品の売り込みをかけた。売り込みをかける営業マンも、ノルマを背負っているので必死で有利な条件で売り込もうとする。

相手の小売本部も「店頭価格を決めるのは我々だ」というわけで、自身に有利な取引条件を探る。

営業担当は、相手のバイヤー（仕入れ係）と、丁々発止《ちょうちょうはっし》の交渉を繰り広げて、価格と仕入量が決まる。厳しい戦いのように見えるが、ときには貸し借りも生じる。年度末になって、ノルマが消化できず困っている営業マンに、バイヤーが助け船を出す場合もある。その恩義に応えて、営業マンも、売れ筋の新商品が発売されたときには、優先的にそれを届けるかもしれない。担当同士、一種戦友のような友情も生まれることもある。

だが、このやり方は、個人ベースの営業である。第一、今日、たとえば食品会社の営業には、ノルマなしという会社は少なくない。

では、営業は、売上高でなければ、何を目標に営業活動を行うのか。その一つに、「店頭品質の改善」がある。小売店の店頭の質を改善することが、営業担当の目標だというわけである。

店頭品質の代表的な要素には、店頭にある商品の回転率の高さ（商品鮮度）、カバーする小売店の店頭の割合（カバレッジ）、店頭の陳列棚の確保スペース（カバーする陳列棚スペース）、陳列される場所の良否（陳列の優位置）、そしてプロモーション（店頭でプロモーションができる可能性）がある。これらは次頁の図に示される。

†商品回転率

商品在庫高に対する売上高の比率が、商品回転率である。その値が高ければ、「小さい在庫で大きい売上げを上げる」という効率の良さを意味する。一般に、在庫するにはコストがかかる。保管料以外にも、商品の鮮度が悪くなるという目には見えにくいコストもある。生鮮食品や流行品はとくにこの鮮度悪化のコストが高いと考えてよい。そのため、回転率の改善は直接に、経営の効率化に貢献する。

そうした直接の効果だけでなく、現在では、商品回転率の高さは、多頻度小ロット体制づくりに欠かすことのできない要素と見なされている。小売店での商品回転率を高めても、自社の工場倉庫にたくさんの在庫をもっていれば、せっかくの回転率改善の効果も台無し。当然のことだが、工場における〈出荷額／在

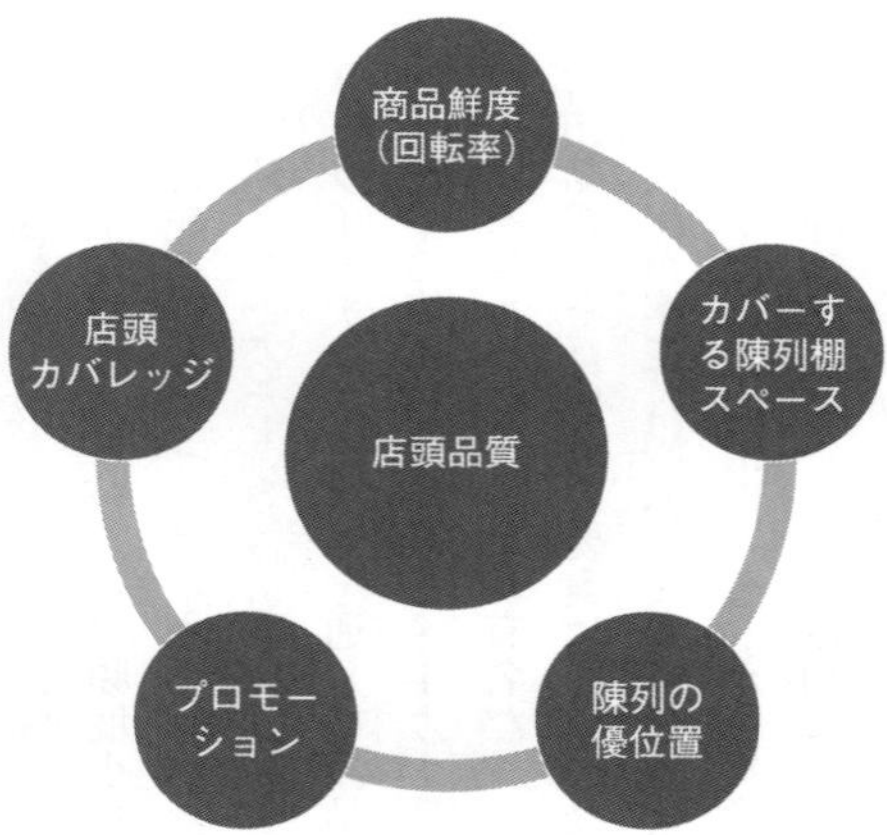

食品メーカーが目指す店頭品質

庫額〉の回転率も改善しないと意味がない。そのためには、結局、売れ分だけ配送し、配送した分だけ生産する、という「多頻度小ロット」の体制が必要になる。そのことはつまり、生産段階から配送段階、そして小売店頭に至るプロセス全体（このプロセス全体のことを、メーカーのサプライ・チェーンと呼ぶ）にわたる商品回転率の改善が必要であることを示している。

サプライ・チェーン全体を通じて商品回転率を改善する、あるいは商品鮮度を高める。このことを営業の第一目標に置くメーカーは最近増えているが、とくにカルビーやアサヒビールあるいはアパレルのワールドが有名だ。

店頭品質のそれ以外の要素については、ここでは概要を紹介するにとどめよう。「店頭カバレッジ（配荷率）」は、たとえば新商品を発売するときにどれだけの小売店頭を押さえることができるかどうかの指標。せっかく新商品を発売し、テレビでＣＭをどんどん流しても、店頭に商品が陳列されていなければ何にもならない。資生堂がシャンプーの〈ＴＳＵＢＡＫＩ〉を発売したとき、七〇％を超える配荷率を実現したというので話題になった。

「カバーする陳列棚スペース」は、一つの小売店頭で、定番の売場の陳列棚を、どれだけの部分、占有しているかの指標だ。「陳列位置」は、それが下の方や上の方ではなく、買い物客の自然な視線が届く範囲に収められているかどうかの指標。そして「プロモーション」は、定番以外の売場、たとえばエンドで、どれだけの回数、特売を仕掛けることができたかの指標、である。特売は、昔のように売れ残り商品の安売りではなく、今は歳事や新商品発売に際しての有力なプロモーション手法として位置づけられている。

事業の最終の目標は、もちろん最大の売上げの確保であり、最大の利益の獲得である。その最終目標に至るプロセスに「店頭品質」がある。店頭品質を営業目標に置く企業においては、鮮度やカバレッジ、陳列スペースやプロモーションが改善されれば（つまり、店頭品質が改善されれば）、当然その商品の売上げが伸び、利益が伸びるという関係が想定されている。

結果に至るプロセスに焦点を絞り、営業活動を組織的に行うやり方は、前章で紹介した住宅営業と変わらない。当然、その際に指摘された「プロセス営業」のメリットを、同じように享受することができる。

2　需要創造の営業活動

最終生活者ではなく、業者に向けた営業活動について、もう一つのケースを紹介しておこう。それは、営業を通じての需要創造活動に関わる。いささか古い例で恐縮だが、サントリーの試みを取り上げる。その試みは秀逸であり、ケースとして残す価値がある。

†サントリーのウイスキー営業

サントリーがウイスキーの醸造を始めたのは、一九二四（大正一三）年。その後、ウイスキーが日本で本格的に流行り出したのは戦後のことだが、サントリーは、ここでウイスキーの積極的な啓蒙活動を行った。

まず、ウイスキーの飲み方提案を行った。それまでは、小さいグラスにウイスキーを入れて、グイッとストレートで飲む飲み方しかなかった。だが、サントリーは、ここに、氷に注いで飲む「ロック」、ソーダで割った「ハイボール」、氷と水で割った「水割り」と、日本人にとって新しい飲み方を提案していった。今では、ウイスキーを小さいグラスでストレートで飲む人はあまり見かけることもなく、ウイスキーの飲み方は水割りしかないと思っている人が大半だろうが、これはサントリーが戦後、創り出した飲み方である。

作家でありサントリー（当時は、壽《ことぶき》屋）の社員でもあった山口瞳氏が、春になると、新入社員に向けて、酒を飲む心構えを説いていた新聞広告も懐かしい。なかなか風格のあるエッセイで、酒を飲むこと、ウイスキーを飲むことの大人としての誇らしさが伝わってくる。ウイスキーを嗜《たしな》むのは、大人になるための重要な儀式でもある、サントリーはそのメッセージを伝えたかったのだろう。

†飲み場提案

サントリーが創り出したのは、飲み方や心構えばかりではない。飲み場づくりも積極的に行っていった。飲み方提案は広告の仕事だが、飲み場づくりは営業の仕事である。

戦後まもなくの間、サントリーの主要ウイスキー・ブランドは、〈トリス〉であった。「トリスを飲んでハワイへ行こう」という山口瞳氏のコピーが、その当時大ヒットしたのを覚えておられる方もいるかもしれない。アンクルトリスというキャラクターも懐かしい存在だ。こうした巧みな宣伝を通じて、〈トリス〉に対する馴染みや愛着を創り出した。同時に一九五五年頃から、サントリーはみずから、「トリスバー」と呼ばれる小さいバーを各所に開設していった。トリス・ウイスキーを飲む場所自体を提供しようとしたわけだ。

店でお客さんのウイスキーボトルを預かるというやり方も、この頃から普及させていった。クラブやスナックなど、ウイスキーが飲まれる夜の社交場には、オールドやリザーブといった、当時の高級ブランドがズラッと並んでボトルキープされていた。

クラブ、スナック、レストラン、居酒屋等々、「業務店」の開拓・開発が営業の仕事であった。ウイスキーを飲む場の開拓が一段落した一九七〇年頃、今度はウイスキーとはあまり馴染みがない和食・割烹《かっぽう》の店を開拓し始めた。二本の箸で食事をとる店を攻略しようというわけで、

「一本箸作戦」と名づけられた（細井謙一「営業のマネジメント」石井淳蔵・廣田章光編著『1からのマーケティング（第三版）』碩学舎、二〇〇九年）。

ウイスキーは香りが強く、アルコール度も高いので和食には合わないというイメージがその当時は強かった。そこで、水割りという飲み方をあらためて提案する。日本酒に近いアルコール度であれば、料理の味を殺すこともなく、和食に合うと提案した。

創意工夫はさらに続く。ウイスキーの瓶のサイズを小さくした。板前が水割りを作ると魚にウイスキーの香りが移るという声があり、客が自分で簡単に水割りを作ることができる（水割り二杯分の）ミニチュアボトルを割烹に置いてもらう作戦をとった。ウイスキーと氷入れや水入れを一緒に入れることができる「おかもちセット」も作った。それらを和食料理屋に納めてもらうよう営業を重ねた。

こうして、「ウイスキーは洋もので和食には合わない」、「ウイスキーは食中アルコールとしては不適」という声を消していき、巨大なウイスキー需要を創り上げていったのである。

生活者にウイスキー文化を提案し、〈トリス〉や〈角〉や〈オールド〉といったブランドの意味を、広告宣伝を通じて生活者に訴えていったことは、ウィスキー市場の成長にとってもちろん大きい貢献であった。同時に、営業が業務店を一軒一軒訪問し新しい飲用提案をすることを通じて、ウイスキーを定着させていった試みも、同じくらい重要だ。営業は、商品の売り込みと考えている人が多いが、決してそうではない。新しく市場を創り出す重要な力となりうるのである。

3 学びたいこと

本章では、メーカーのチャネル・マネジメントにおける重要な二つの要素を取り出した。

第一は、チャネル営業のプロセス・マネジメントである。本書では何度も述べているが、売上げや利益は、営業を含めたさまざまなマーケティング活動の成果であって、営業のみの成果ではない。商品の質が良くなければ、営業がいくら頑張っても売上げを大きく伸ばすことは難しい。だが、往々にして売上げは、顧客との最終接点の担当者である営業の責任とされることが多い。営業担当者にノルマが与えられるのは、そのせいだ。前半のケースで見たように、営業本来の目標は、商品を売ることではなく、商品が生活者の手に届くまでのプロセスを整備することにある。チャネル・マネジメントで言うと、小売店頭の質を高めることにあるのだ。そう考えたとき、従来の営業のありようとはまったく形の異なる営業の姿が現れてくる。

後半のサントリーの営業のケースは、商品を売り込むのではなく、商品をお店で使ってもらえる状況を創り出そうとしている点にポイントがある。その意味で、売上高よりむしろ、売上高を上げるためのプロセスのところ（状況整備）に、営業が力を注いでいることがわかる。プロセス重視の営業という点は、前半のケースと変わらない。

同時に、営業のもつ組織的な市場創造機能の要素を浮き彫りにするものでもある。サントリーの営業は、ルート営業と呼ばれる営業だ。ルート営業は、決まりきった取引相手、つまり流通業者や業務店を訪問し、注文を取り、それを生産に伝え、出荷・入金の責任を担う、そうした仕事の繰り返しだと思われている。しかし、サントリーのケースが明らかにしている現実はそうではない。営業は、みずから組織一丸となって市場を創造することができるのだ。

紹介した二つのタイプの営業の姿は、共通して、営業は、組織の仕事であって、かつ創造的な仕事であることを示している。世にトップ営業マンと評判をもつ人が何人もいるが、そのトップ営業マンたちを、たとえ何人集めたとしても、手に入れることができない果実もあるのだ。

第17章

第Ⅲ部のまとめ：顧客関係をマネジメントする

私たちを取り巻く状況は、日々刻々変化する。そうした変化は情報となってわれわれに押し寄せる。私たちは、それらを適当に取捨選択する。だからこそ、毎日、さして混乱することもなく生きていくことができる。人が、ある限定された範囲の光や音しか知覚できないというのも、いわば人に備わった自然の防御壁でもある。

企業という組織も同じだ。企業の周囲では実にさまざまなことが起こり、それらは無数の情報となって組織に押し寄せる。もし、それら情報のすべてを必要な情報として取り入れ、それを組織の各部門で処理し対処するとなると、その処理のために無限の人や時間が必要になる。組織は組織としての本来の役割を果たすことができなくなり、機能不全に陥る。組織が、自分の置かれた環境の下で、自分の役割を果たすためには、環境から入ってくる無限の情報を取捨選択しないといけない。そのため、無限の可能性を潜在させる環境に架け橋を架けて、自分が対応できる範囲の中に情報の出入りを統制する必要がある。

ブランドと営業の仕組みは、企業が市場に向けて架ける代表的な架け橋である。その架け橋をわたってくる情報に対して、企業は十全に応える。一方、架け橋をわたってこない情報は、それこそ橋の向こうには無限にあるだろうが、それらの情報には企業は原則、注意を払うことはない。

†マーケティング・マネジメントの役割

組織は、環境との接点（インターフェイス）を意識的に統制し、環境の無限の複雑性を自分の力に合ったレベルに縮減して初めて、存続し成長することができる。原則を作らずその場その場で、対処していくというやり方もあるが、それでは長期にわたって安定した成長は望めない。

そこで、あらかじめみずからの可能性・選択肢を限定する、たとえば「店頭品質」という指標を定めるというのはそういうことだ。

店頭では、さまざまなことが起こっている。営業担当がその情報をすべて収集し、それらを逐一、組織にあげていては、あげる本人も受ける上司ももたない。「いろいろ起こっていて、気になることも多いだろうが、とりあえず『店頭品質』の諸要素に注目するだけでよし。他のいろいろある出来事は、無視してもかまわない」という組織の指示が重要なのだ。組織が存続するためには、自分たちの処理可能な状態に、できれば意識的に環境を作り替えておくことである。

環境を自分たちの力に見合った形で処理可能な状態にする（架け橋を架ける）という作業を、ここでは「指標化」と呼ぶことにしよう。組織（あるいは人間）にとって、環境とは、そもそも定義も把握もできない全体、つまりカオスにほかならない。カオスに対して、成り行きで対応するのではなく、あらかじめ環境のどの側面が重要かを定めておいて、それに向けて安定・継続した注意を維持すること。これが環境の指標化の概念で示唆したいことである。

具体的な指標としては、店頭品質（鮮度や新製品配荷率）がやはりわかりやすい。店頭品質に組織の注意の焦点が定まれば、自ずとそれに沿って、情報が集められるし、集められた情報の意味や価値も、そのときどきで考えなくても組織メンバーに周知されている。

マーケティング・マネジメントの環境に向けての機能とは、わかりやすく言えば、環境から入ってくる情報をしまう「（店頭品質という）棚」を作っておいて、そしてそれに焦点を合わせて店頭品質に関わる微細な変化を抽出する「センサー」を現場に設けることである。こうした〈マネジメント〉の考えを導入することで、組織はかけがえのないメリットを得る、つまり結果に先立ってその予兆を拾い上げることができる。

たとえば、商品の売上げが落ちたとしよう。商品力に変化がないとすれば、売上げが落ちる

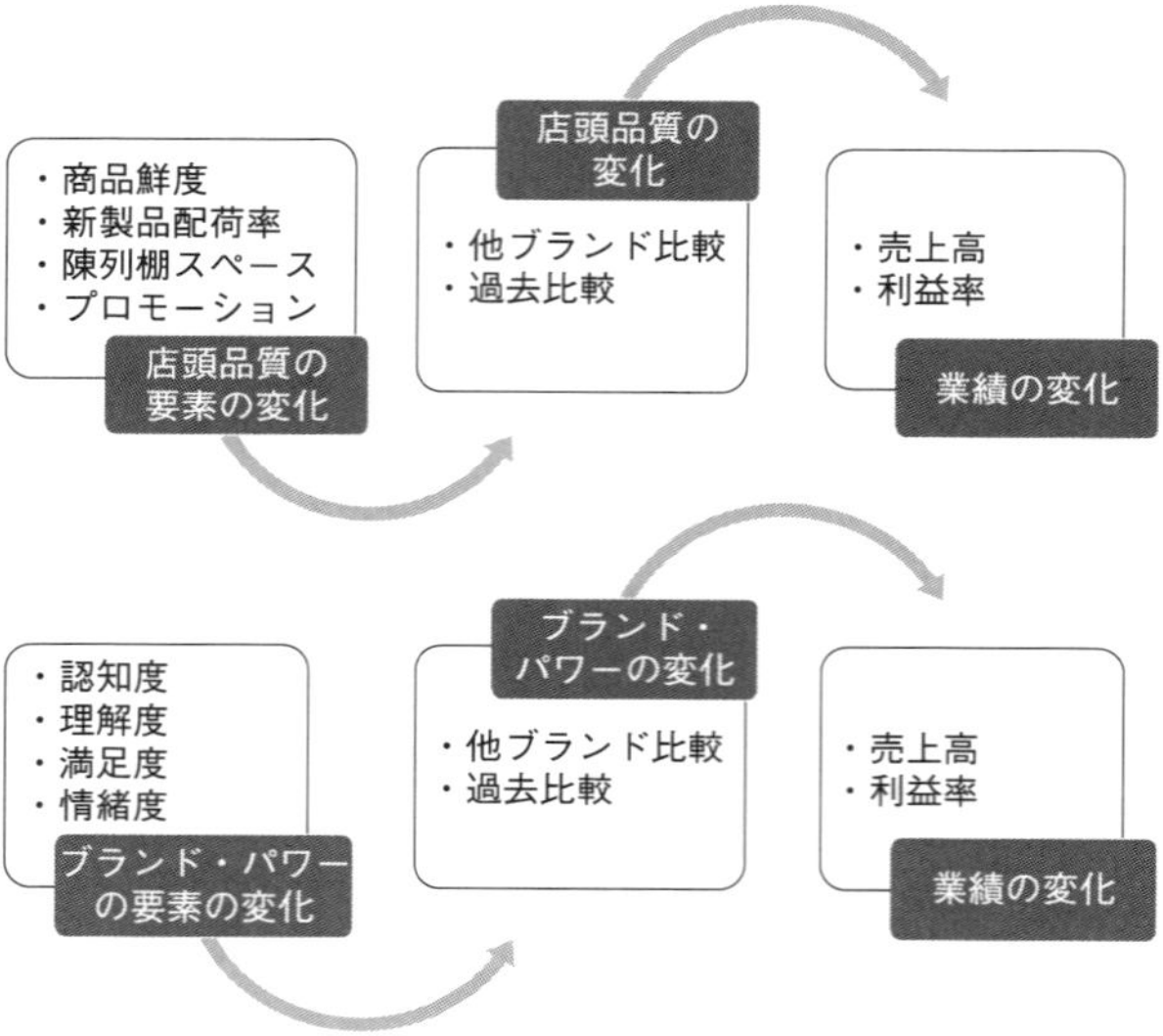

前に、必ずや店頭品質が落ちているはずである。店頭品質が落ちているとすれば、その前に必ずや店頭品質を構成するどれか（鮮度であったり新製品配荷率であったり）が落ちていることだろう。

同じことは、ブランド・パワーについても言える。売上げが落ちる前にブランド・パワーが落ちているだろうし、ブランド・パワーが落ちる前にそのパワーの要素である認知度とか満足度とかが落ちているはずである。

そうした想定される関係は、上図に示しておこう。

マーケティング・マネジメントを通じて、自分たちの環境対応の力に見合ったレベルに、環境の複雑性を縮減する。マーケティング・マネジメントは、未来に向けた（あるいは未来を先取りする）役割を果たす。言い換えると、マーケティング・マネジメントとは、組織の予期しがたい環境に対して、「予期して備える技術」なのである。

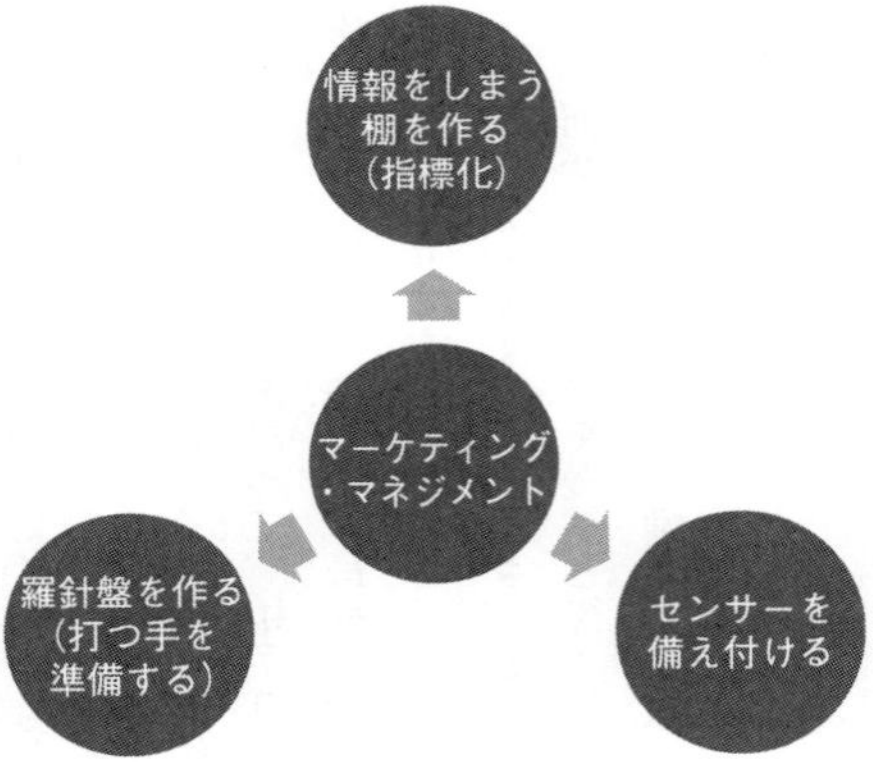

現実の動きの中で、各指標がどう変化するのかを調べながら、どういう事態が今、起こりつつあるのか見きわめる。そして、その事態に対してどのような対応策・選択肢が可能かを、あらかじめ準備しておくことができれば万全だ。認知度が落ちれば広告を打つ、満足度が落ちれば品質レベルを上げる、といったたぐいのオプションを準備することだ。それは、「羅針盤」をあらかじめ作っておくことにほかならない。問題が起きてから、事態を分析し必要な行為を探索するのではなく、問題が起きる前から備えておく。つまり「情報の棚」を作り、「センサーを備え付け」、そして「選択肢を準備する」ことで未来への対応が可能になる。上図に示す通りである。

話が抽象的で、わかりにくいかもしれない。プロ野球の監督の勝利の方程式を考えるとわかりやすい。先発、中継ぎ、ワンポイント、抑えと投手の分担を図る。先発投手が五回を越えて球数が一〇〇球を超えてくれば、交代時期を考える。それまで、少々点を取られようが投げさせる。交代時期にあたって、相手打者が左打者なら左のワンポイントを出す。その後、後半を中継ぎの二投手でつなぐ。最終回でリードが三点以内なら抑えの投手を出す。こんな具合に、試合のシナリオを描いているはずだ。

野球は先の見えないドラマだと言われる。何が起こるかわからない。しかし、だからといって、何かが起こるのを漫然と待っていては、監督は務まらない。監督は、あらかじめ起こるべきことを予期し、それに備えて複数のオプションを準備している。マネジメントとは、こうした技術なのである。

第Ⅳ部

組織の情報リテラシーを確立する

第Ⅳ部では、組織の情報リテラシーについて検討したい。「リテラシー」とは本来、「識字力＝文字を読み書きする能力」、あるいは少し広げて「情報を創造的に活用する能力」のことだ。最近では、「情報手段（メディア）の特性についての理解と目的に応じた適切な選択、情報の収集・判断・評価・発信の能力、情報および情報手段・情報技術の役割や影響についての理解」などを含む、「情報の取り扱い」に関する広範囲な知識と能力のことをいう場合が多い。

ここでは、そうした考えにしたがって、組織の（情報）リテラシーを、「情報を、集め、増やし、使いこなす能力」とわかりやすく定義しておくことにする。つまり、市場からあがってくるさまざまな情報を、組織内部に蓄積し、組織内部に普及させる。そして組織メンバーがそれらの情報を自然に使いこなすことができる組織。そうした条件を備えた組織は、高い情報リテラシーをもった組織であると考える。

市場からあがってくるさまざまな声、とくに生活者の声は、大きく三つの源泉から得られる。第一は、商品開発などの際に行う市場調査においてあがってくる声。第二は、主として営業を通じてあがってくる声で、小売業者の情報を通した生活者の声、あるいは営業担当が直に店頭で接した生活者からの声がそれにあたる。そして、第三に、一般の生活者から直接、企業のお客様相談室にかかってくる電話や、投稿されてくるメールや手紙を通じてあがってくる声であ

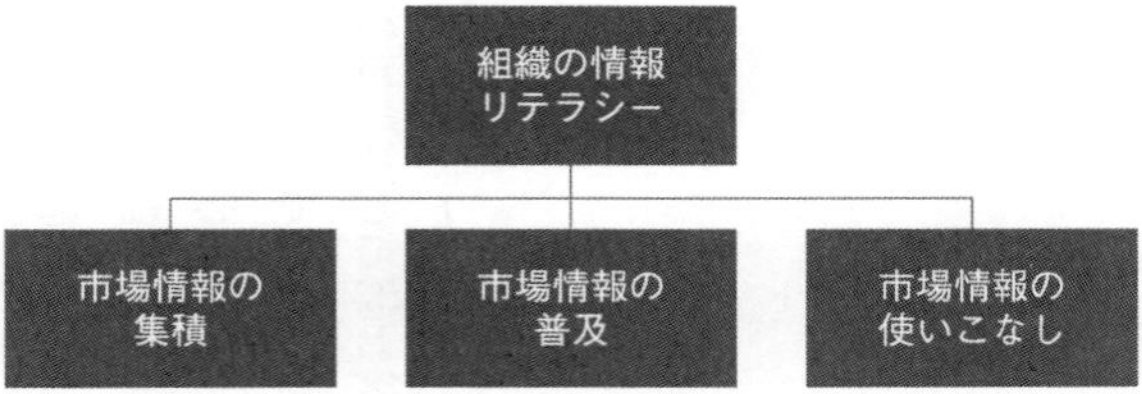

組織の情報リテラシー

る。

企業は例外なく、これら生活者の声を聞いて、新商品を企画したり、商品やパッケージを改良したり、新しいコミュニケーションを企画したりする。その意味で、これら三つの源泉からあがってくる生活者の声は、企業が市場適応するために欠かすことのできない情報である。

しかし、それらの声を聞いたり聞かなかったり、聞いても活用したりしなかったりという散漫な形で対処していては、かえって問題が残ってしまう。小さいが大事な声を聞き逃したり、かけがえのない声が組織の責任者のところまで届かずに消えてしまったりすることが起こる。生活者の声に対しては、日頃の地道な組織的対応が必要な所以である。

生活者の声を散漫に扱わないようにするために、「一人ひとり注意して、お客様の声をじっくり聞くことにしよう」という指示を組織メンバーに出しても、それだけで問題が解決するわけではない。一時的には注意が集中して、問題は起こらないかもしれない。だが、組織の仕組みとして解決をしていなければ、時間が経って注意が散漫になるにつれて、また同じ問題が起こってきそうだ。ある程度、人の意思や手を離れて、「自動的に、情報が組織に集まり、組織の中に定着し、メンバーが自然と使いこなす」ことを可能にするような組織としての対応が必要だ。

第IV部では、①市場調査を通じてあがってくる生活者の声、②営業からあがってくる生活者の声、そして③お客様相談室からあがってくる生活者の声について、組織的な工夫を考えたケースを取り上げる。

第18章　市場調査情報を使いこなす

1　はじめに

この章では、企業組織の中に市場調査担当部門が、どのように位置づけられるのか、その可能性を探りたい。序章で述べたように、「作った製品を売るのがセリング（販売）。売れる製品を作るのがマーケティング」という言葉は、マーケティング・マネジメントの考え方が世に流布し始めた頃から言われてきた。ビジネスのスタートは、まず「生活者は、何が欲しいと思っているか」を探ること、ここにある。

そこで脚光を浴びるのが、最終使用者である生活者の意向を調べる市場調査の仕事である。「マーケティングの仕事に就いています」というと、「市場調査のお仕事ですか」と言われるくらいに、市場調査がマーケティングの代名詞ともなっているが、それも故なしとはしない。

実際、マーケティング・マネジメントの概念が定着すると共に、生活者行動についての心理学に基づいたモデルの開発や、調査データを分析する解析手法は発展した。アメリカにおけるマーケティング研究者の半分以上は、そうした分野の研究者ではないかと思わせるほどだ。マーケティングの専門ジャーナルには、次から次へと新しいモデルや手法の開発や理論検証の論文が出ている。

さて、そうした理論発展の追い風を受けて、市場調査(マーケティング・調査)の仕事も企業の中に定着していった。わが国でいち早く、市場調査の担当部署を作った会社の一つは、花王である。

花王で、マーケティング・調査を担当する調査課という部署が生まれたのは一九六三(昭和三八)年。注目したいことは、それ以降現在に至るまで、その組織は、一個の独立した組織として続いていることである。同社には、連綿と伝わるマーケティング・マネジメントに対する明確な一つの考えがあった証拠だと思う。花王は、ライバルであるP&G社からマーケティングを学んだというのはよく知られた事実だが、そのP&G社には、調査専門の部署があって、専門のキャリアを積んだ調査担当者が世界に五〇〇人いると言われている。

強調したい点は、花王やP&G社のように社内に調査の独立した専門部署をもち、それが組織の中で存在感を発揮している企業があるという事実である。そうした企業は、少なくとも日本では、巷間聞く限りでそれほど多くない。もちろん、社内に調査担当者や専門家を抱えている会社は多いだろう。しかし、独立した専門部署としてとなると、はたしてどうだろうか。「専門部署としての調査部門をもつこと」は、「たんに調査担当者をもつこと」とは、違っていると思う。組織内部で環境に適応するために必要な情報を、どのようにマネジメントするのかの視点に大きい違いがあるように思われる。ここでは、花王の市場調査部を参照しながら、その問題を探ってみよう。

2　花王における調査部の歴史

†マーケティング部門の起源

同社が古くからマーケティングに力を入れてきたことはよく知られている。戦時統制下にあって、最後まで価格統制に反対したメーカーとして花王の名前が残っている。「宣伝広告や小売店支援などを通じて築き上げた評判を守りたい、他の類似商品と同じ価格で販売されるのは耐えられない」というわけである。筋金入りのブランド・カンパニーである（風呂勉『第二次大戦日米英流通史序説』晃洋書房、二〇〇九年）。

同社が、いち早くマーケティング組織づくりを進めたのは当然と言えば当然だ。一九六〇年には、マーケティング活動を取りまとめる商品企画部が設置され、翌一九六一年には、それまであった宣伝部が宣伝企画部と作成部に分離、より機動的な体制が整えられるようになった（花王資料室一九七一、二〇九頁）。

その後、資本自由化の時代に入り、海外からの外資系企業参入が相次ぐようになると、あらためて花王はマーケティングの強化に乗り出す。一九六七年に、商品計画・販路対策・販売促進・市場調査などを統一的に実施する体制を整えるため、商品企画部・宣伝企画部・作成部を統合してマーケティング部を設立する。これは、これまでの組織体制において、独立的であるがゆえに欠けていた相互の関係性を強化するものであった。

こうした中、一九七三年、インハウスの市場調査会社が設立される。この背景には、その当時、十全な市場調査を行うことのできる会社が、まだまだ外部には存在していなかったという理由がある。誰も市場調査を行うことができないのならば、みずからの力で、市場調査を実施していこうというわけである。今日でも、花王本社の調査部のトップは、調査会社のトップを兼務している。当初から、花王の市場調査に対する意識は徹底していた。

翌一九七四年、当時の家庭品事業本部に調査部が設置される。調査部の歴史は、まさにここから始まる。調査部は、先のインハウスの市場調査会社と連携することによって、必要な市場情報を把握し、分析する役割を担うこととなった（水越康介「調査の独立性が意味すること」

嶋口充輝ほか編『マーケティング優良企業の条件』日本経済新聞出版社、二〇〇八年)。

現在の組織体制

調査部の中心的な活動は、言うまでもなく市場調査である。競争環境などを含めた市場分析、生活者の動向を把握するための生活者調査、そしてPOSなど外部から得られる情報の分析を一手に担う。同社では、市場分析や生活者調査に関しては、年間で一〇〇本近い分析を行い、その結果をレポートとしてまとめ、社内に公開しているという。

同社は、基本的な組織体制として、製品市場分野別に事業部をもつ。大括りで言うと、「ビューティーケア」、紙おむつや生理用品あるいは食用油など「ヒューマンヘルスケア」、洗剤や漂白剤などの「ファブリック&ホームケア」などの事業本部が存在し、その下でブランドごとの管理が行われている。こうした縦割りの組織体制に対して、調査部を含むマーケティング開発部門と、それから生活者相談センターが横串しにされる。いわゆる、マトリクス型の組織である。

ブランド・マネジャー制が採用され、個別ブランドの開発や成長に関しては、ブランド・マネジャーが権限と責任をもつ。一般的に言うと、ブランド・マネジメントの組織は、ブランド・マネジャーを軸として、それを市場調査、デザイン、財務といった専門家が取り囲むという構図をとる。
新商品導入の決定は、ブランド・マネジャーが行う。だが、それに至る過程には、諸々の判断が必要になる。企画段階で「その商品コンセプトを、生活者がどの程度受け入れるか」の調査から始まって、試作品レベル、最終製品レベルで同種の調査が続く。その後も、模擬店頭を作っての生活者の購買意向調査や、広告用テレビCMの好意度調査もある。こうした一連の調査を通じて、一つひとつの判断に客観的根拠を得る。もし、調査結果が疑いを差し挟むものであれば、導入プロセスはそこでいったんストップし、再検討を余儀なくされる。市場調査部門の役割は重要で、調査は新商品開発プロセスに深く埋め込まれて、調査なしには何も進行しない手順になっている。

3 独立組織としての調査部の意義

市場調査機能は、どこの企業にもある。だが、それを独立した組織としてもつ企業は限られている。独立組織として調査部をもつことのメリットを考えてみよう。

†調査スタッフを便利使いしない

調査部をもたない会社では、調査担当者は事業部やマーケターの差配の下に置かれる。調査担当者を部下に置くことで、マーケターは、融通無碍《ゆうずうむげ》にその担当者の能力を使うことができる。だが、それだと、組織としての市場知識の蓄積や市場理解の実力アップは望みにくい。二つの理由が指摘できる。

第一に、調査スタッフを便利使いしていると、調査スタッフが疲弊する。調査スタッフは、マーケターの指示を聞くのが仕事になってしまい、専門家としての実力を蓄える余裕はなくなる。したがって調査組織としてスキルが伸びない。

第二に、調査が形骸化する。便利使いしている会社では、「マーケターの考えをサポートするだけの調査」、「役員の承認を得るためだけの調査」、あるいは「流通業者を納得させるためだけの調査」が行われやすい。それが一般的になると、誰も、調査結果を真剣に見ようとはしなくなる。調査の仕事は組織の中で立場を失う。

だが、調査が一つの組織になると、調査担当の便利使いはなくなり、調査仕事の立場を失うことはない。

†やるべき調査をやらずに済まさない

調査専門部門がないと、やるべき調査をやらずにパスしてしまうことがある。先に述べたように、コンセプト、パッケージ、試作品、広告コピー等々、新商品が導入されるまでに多くの調査が必要だが、「時間がない、費用がない」という理由でいくつかの調査をなしで済ますことが起こりうる。

「必要な調査を、都合によって、なしで済ます」というのも、ヘンな話だ。「調査の時間も費用もなく」進めた新商品発売計画が失敗したとしたら、いったい誰が責任をとるのか。

調査さえきちんとやっておれば、計画が不成功に終わっても、何がまずかったかを反省して次に生かせる。たとえば、調査の予測が間違っていたせいか、調査の結果を無視してマーケターがその商品の市場導入を行ったせいか。そこを見きわめて、次に結びつければよい。調査がまずかったのなら、改良された調査のやり方を考えればよい。マーケターが調査結果を無視して不成功に終わったなら、マーケターと調査の関係をあらためて考え直してみればよい。

発売を急ぐあまり、「時間が惜しい」という理由で調査をやらないのは、主客転倒だ。商品の市場導入の時期は、調査の時間と費用をとって、そこから逆算してスケジュールや予算を決めるのが普通だろう。

独立した調査部門があれば、こうした問題は起こりえないだろう。というのも、そもそも独立した調査部門が社内に置かれているということは、マーケティング・プロセスに調査機能が埋め込まれていること、そして企画担当者はあらゆる判断を調査に基づいて行わざるをえないことを意味しているからだ。

†不明確な調査課題の下に調査を実施しない

独立した調査部門があると、調査を依頼する立場にあるマーケターとの間で、しっかりとした取り決めが交わされる。調査部門は、ブランド・マネジャーの指示に従って仕事をするのではない。独立し自律した部門として、調査に関わる資源を管理し、その資源が生み出す収益を管理する必要があるので、それは当然のことだろう。

調査部門長は、マーケター（あるいは、彼らが所属する事業長）から調査の依頼を受ける。その依頼に応えて調査計画書をまとめる。そして、その調査計画書をマーケターに再提案する。こんなやりとりがある。

その際、マーケターからの調査依頼が、そのまま調査できるほど明確な「調査仮説」には落ちていない場合もある。「とりあえず、やってみる」という調査もないでもないが、普通は、「探すものがはっきりしないのに、探しものを見つけることはできない」のが調査の道理。もし、マーケターの方で「何を探したいのか」が明確でなければ、「『何を探したい』と考えているのか」をはっきりさせるよう、マーケターに課題を差し戻し、再度、案を練ってもらうという逆提案も起こりうる。馴れ合いにはならない緊張が、両者の間に生まれる。

これが、マーケターと調査担当者が同一部署に所属していると、二人の関係はおざなりなものになりかねない。立場の弱い調査担当者だと、マーケターから「プレゼンのために必要なんだ。これこれ、こんなデータを集めてくれ!」と言われるかもしれない。悪くすると、「適当なデータを使って、これこれ、こんな結果を出しておいてくれ」なんていう、おかしな注文もやってくる。

いずれの場合も、調査担当者の立場が弱い分だけ、マーケターはノーチェックで、自身の企画を思いのままに進めることができる。調査仮説が明確でない、つまり自分勝手の思いつきのアイデアであっても、調査の関所は難なく通過する。「そのアイデアを生活者は評価していない」という調査結果が出て、再考するきっかけを得、さらにアイデアを洗練させるのが普通のマーケターのとるべきステップだが、そんな否定的な証拠は最初から出ないような形で調査の注文が出る。調査をきちんとやっておけば、はっきり目に見えたはずの問題が、どこかに隠れてしまう。

†「調査標準」が定着する

調査部門が独立していないと、「調査標準」が見えなくなる。たとえば、海外のある会社は「七:三」の原則をもっている。発売したい新商品を消費者調査にかけて、消費者評価を探る。

そこで、回答者の七〇％が「前の商品より優れている」と答えなければ、その新商品は市場導入しないという原則だ。マーケターは、この七〇％という基準を越えるべく、企画を練る。

大事なことは、「いつも、同じ調査が行われること」である。標準化された調査・統計方法、標準化された生活者サンプル、標準化された質問項目で行われないといけない。調査ごとにやり方が違っていたのでは、「七：三」の原則と言っても、原則の意味がない。甘い「七：三」と、厳しい「七：三」が、時によって違って出てくるというのでは、原則はたんなるお題目になる。

調査担当が組織の中で便利屋として使われてしまうと、こうした、①調査分析手法の標準、②検証のための判定基準、③調査タイミングもすべて、「いつもと同じにやる」ことは難しくなる。

調査標準を確立できなければ、長期にわたってマーケティングの経験を組織に残すことはできない。そして、組織のマーケティング・リテラシー（つまり、組織として、マーケティングの知識を学び、増やし、使いこなす創造的な能力）も向上することはない。

4　学びたいこと

市場調査は、マーケティングの中核に位置する機能である。したがって組織の中のあらゆる場所にその機能を遍在させ、意思決定をする担当者を支える役目を徹底させる、というのが、一見すると理に適っているように見えるし、場合によってはうまいやり方かもしれない。しかし、それには問題が潜んでいることに注意したい。ここでは、それとは一八〇度異なる考え方、つまり市場調査機能を一つの責任ある組織ユニットとして維持する考え方を紹介した。

独立した調査部門をもつメリットは、次の三点に整理できそうだ。

(1) 仕組みとしての調査・プロセス（調査に基づいたマーケティング決定）を確立する。

(2) マーケターと調査担当とのよい緊張関係を維持する。

(3) 調査標準（手法、プロセス、基準）を確立し、維持する。

最後の点について、少し敷衍《ふえん》して説明しておこう。

調査機能を一つの独立した組織ユニットとして確立するために、調査資源の定義とそのマネジメントが不可欠だ。調査資源と言っても聞き慣れない言葉だが、①調査スタッフの専門家としての能力、②蓄積されたデータや手法、③調査に関わるノウハウやスキルといった知的な要素が、調査の主たる資源になる。

これらの知的資源は、うまくやれば、時間と共に成長・進化する。「知的資源をうまく育てる」。そのためにこそ、調査資源のマネジメントが必要とされる。そうでないと、せっかくの資源を使い捨てにされるとか、ムリ・ムダ・ムラが生まれるとか、将来に向けての知的資源成長計画がないということが起こってくる。

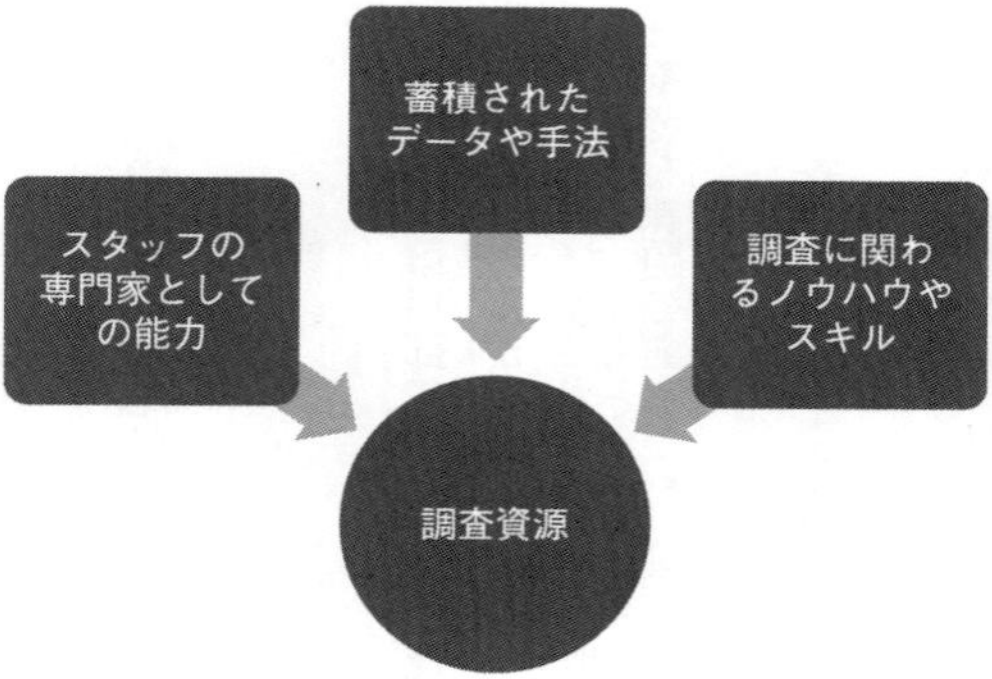

調査資源を、事業部やマーケターの差配の下に融通無碍に使うやり方は、短期的にはともかく、長い目で見るとうまいやり方ではない。言い換えると、調査マネジメントが組織に根付かないと、組織のマーケティング・リテラシーは向上せず、結果、組織の長期にわたって適応する力は成長しない。

第19章 営業情報を使いこなす

第II部と第III部で述べたように、営業は企業と顧客との関係づくりの媒体である。営業を通して、顧客の声が企業に伝わり、企業の声が顧客に伝わる。その点で、営業は情報の通り道である。それだけに、どのような情報を集め、増やし、使いこなすのか、その仕組みを作ることは重要な課題である。

1 顧客情報が集まる研究所

積水ハウスには「納得工房」と呼ばれる工房がある。そこは、同社の技術研究所だが、同時に、施主と研究者とが直接に対話できる場も作られている。同社の顧客関係はそこを一つの拠点として進められる。積水ハウスの顧客関係のプロセスは、すでに第15章で触れたので、顧客が納得工房にやってくるところから話を始めよう。

工房には、住まいに関するいろいろな設備が整っている。キッチンに行くと、調理台の高さや広さを変えて、調理器具を実際に使って料理ができる。バスルームには、いろいろな浴室以外にも、サウナなどもある。顧客は一日、工房で話を聞いたり実際に確かめたりしながら、家族の生活にあった住宅とは何か、少しずつ、だが、しっかりと理解できるようになる。思いもつかなかった課題や、さらに良くなる工夫もわかる。気づきが増え、理解が深まる。顧客の満足度が上がり、納得も増す。その中で、顧客の住まいに関するニーズ情報が自然に集まってくる。

†顧客についての情報が集まる

どこの住宅メーカーでも、営業担当は、顧客と緊密な友好関係を作り上げる。一生の付き合いとなることも少なくない。それくらい密度の高い関係を作って初めて、営業担当は、その顧客の家族の生活のスタイルや好みについて隅々まで知ることができ、その顧客に向けて有効な提案ができるようになる。

しかし、である。残念なことに、顧客の声の多くは、営業担当の手帳の中か、頭の中に収まってしまう。それらの声が、設計図に姿を変え、器材に具体化すると、記憶の闇に消えたり、手帳の中に埋もれてしまったりする。もちろん、「それらを詳しく書き出せ」という課題を営業担当に課してもよいが、営業に一つ作業工程を加え、負担を増やすことになる。それだけでなく、あらためて書き出された情報が正確な事実として書き出されたものかどうか、営業担当がそのことをきちんと憶えているのかどうか、そして本当に事実だけが書かれているのかどうか……。そこは危うさもある。

そこに納得工房の出番がある。顧客がやってきて、自分の好きな調理器具や調理台の高さ、台所の間取り、あるいは階段の段差や部屋の防音のレベル、玄関の扉の取っ手のタイプに至るまで、細かく、自分の生活に合わせて真剣に質問をし、そして選択する。一つひとつの質問や、一つひとつの間取りや機材の選択は、すべて客観的な情報として残る。しかも、毎日何十人というサンプルが確実に集まる。

こうして得た情報は、質問票を適当にばらまいて得た回答とは、月とスッポン、質が違う。住宅を真剣に欲しいと思い、まさに実際に購入しようとする人のニーズ情報である。住宅メーカーにとってこれほど質の高い情報はない。これらの質の高い情報が、毎日、水をダムに貯めるように納得工房の中に貯まる。そして、知識として整理される。

それらの知識は、いろいろな部門が使うことができる。新しい住宅部材の商品開発部門が使う。新しいモデルハウスのために設計部門が使う。営業部門が顧客に対して新しい提案のために使う。納得工房の一カ所に、ダムの水のように貯えられた知識は、多方面で活用することができる。

顧客の声を、研究所で収集し、それらを知識に変えてダムの貯水池のように貯え、蓄えた知識を各所で多重利用する。いかに販売上手なトップ営業マンを何人取り揃えようが、こうしたダムのような知識の貯水池を作ることはできない。営業を組織的に実行する力はここにも現れる。

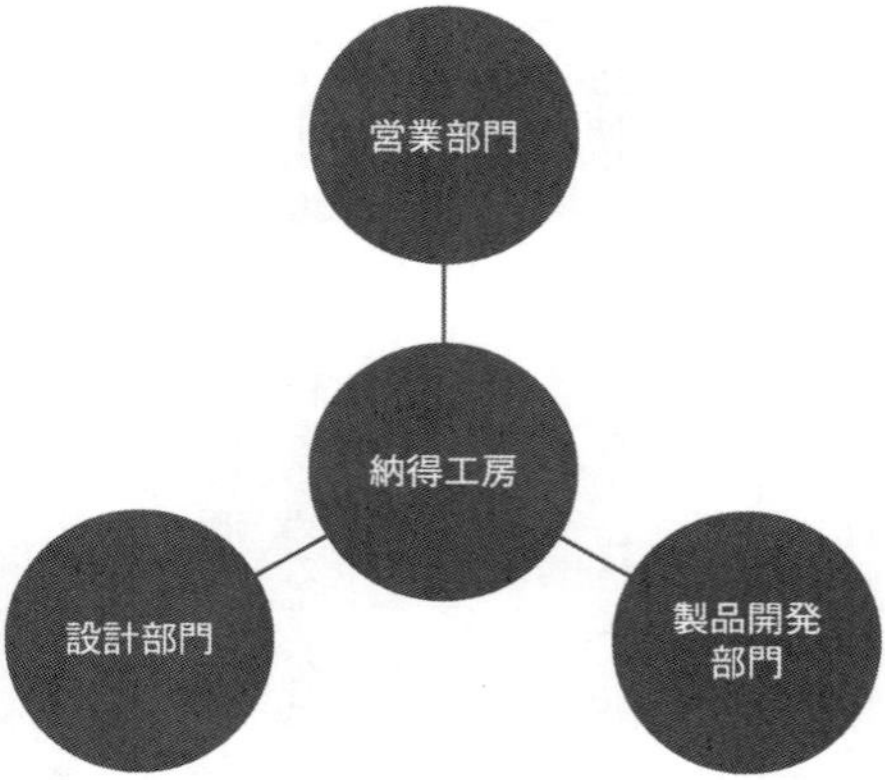

納得工房に蓄えられた生活者の声を多方面で活用する

2　カルビーの営業情報の仕組み

営業プロセスの中で、そうした知識のダムを意識的に作ろうとする企業もある。カルビーはそれだ。商品鮮度を軸にした同社の営業組織の編成については、第16章で述べたが、ここでの話はその続きになる。

組織小売業や卸売商相手のメーカーは、二つのタイプの営業をもつ。一つは、チェーン小売業の本部（あるいは、大手卸売業）を訪問して行う「本部担当」営業。もう一つは、各店舗を訪問して店舗の売場担当と交渉して商品の棚割や陳列を整える「店舗担当」営業である。

本部担当は、チェーン小売業本部と商談し、たとえば、年間で取引する総額についての契約を決める。どのような新商品を、どのような販促計画の下に導入するかを説明しながら、週・月・年の取引の大枠を決める。たとえば、花火の季節だとすると、花火にちなんで、その期間、特売コーナーにポテトチップスを大量陳列する取り決めを小売本部と結ぶ。その後、その取り決めが個店に下りて、個店内のどの場所で、どれくらいの量で陳列されるか……云々と具体化される。

店舗担当営業は、そうした取り決めにしたがって、自社商品が各店の棚にきちんと陳列されているか、目立つ場所に置かれているか、欠品あるいは過剰在庫を起こしていないか、丹念に調べる。それと共に、相手の売場担当者と交渉して店頭改善も行う。こうした仕事を通じて店頭情報が集められる。これらの情報に基づいて、支店や営業所における営業成果の評価や次なる計画が立案される。

二つの営業組織は、いわば、次頁の図に示すようなチェーン本部（あるいは卸売業）と地域のマトリクス組織になっている。

各地域では五〇万人の住民を一つの単位として、店舗担当営業を組織した店舗担当部隊が編

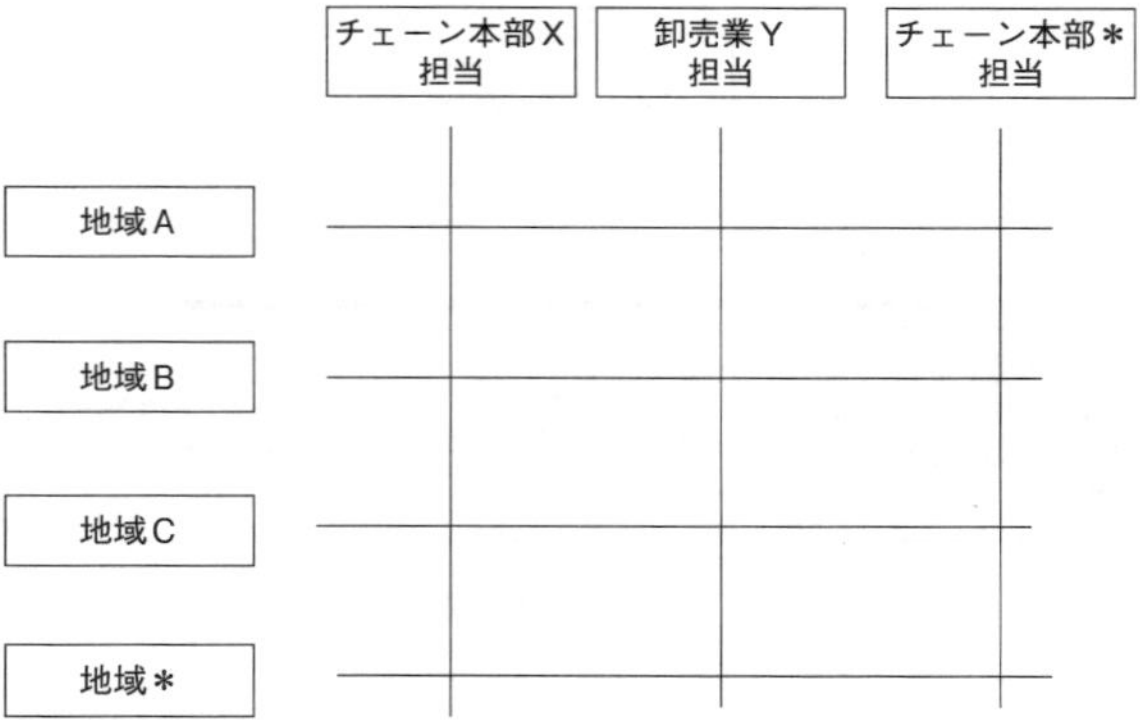

マトリクスの営業組織

成される。その地域には、たとえば、関西で言うと、ダイエーやジャスコ、関西スーパーといった有力チェーンが複数の店舗を出している。これくらいの有力チェーンに対しては、カルビーは本部担当営業をつけ、チェーン本部と直接取引を行う。同地域には、ローカルなスーパーマーケットもある。そうした小規模チェーンに対しては、直接取引は行わず、卸売商経由の間接的な取引になる。したがって本部担当営業はその卸売商につくことになる。

　こうして、地域の店舗担当部隊は、その地域の各店舗を訪問する。他方、本部担当は関西スーパー本部やジャスコ近畿本部やダイエー近畿本部に出向いて商談する。営業の仕事は二つに分化したわけである。

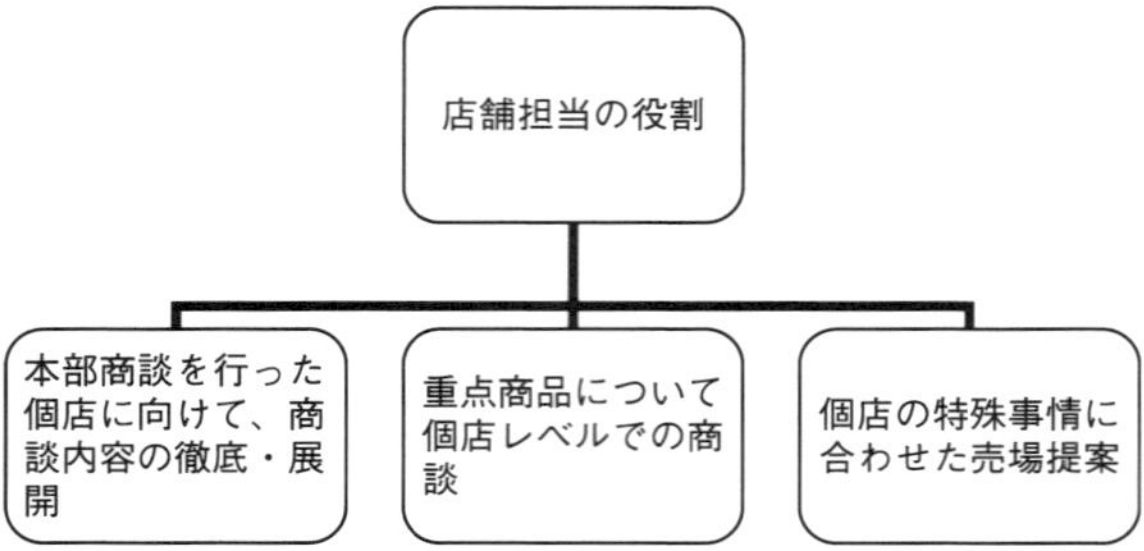
店舗担当の役割
本部商談を行った個店に向けて、商談内容の徹底・展開
重点商品について個店レベルでの商談
個店の特殊事情に合わせた売場提案

店舗担当の役割

†店舗担当の仕事

店舗担当の仕事は、上図のように整理される。

第一に、本部商談で決まった案件を個店で具体展開してもらうよう、個店の責任者にアプローチすること。第二に、本部担当が本部で成約が取れない場合に、それを個店で扱ってもらえるように個店の責任者と商談すること。そして第三に、個店にとって、地域で行われる催事や年間行事に合わせて、売場提案の商談を行うことである

これらの課題に対処するために、店舗担当会議が週一回行われる。店舗担当が所属する地域現地での、リーダーとの打ち合わせだ。また、月一回、店舗担当全員とリーダー全員が会合をもつ。そこでは、企業の方針や、事業部の方針、メンバーの共通する目標や次月の重点課題などがリーダーから説明され、全員で確認する。

†店舗担当に対するサポート体制

店舗担当に対するサポート体制として、マニュアル化された行動基準と、人的なサポートの二つがある。第一のマニュアルについては、店舗担当が記入する日報や店頭活動レポートは、書き方が決まっていて、決まった所に決まったデータを書き込むようになっている。第二の人的なサポートとしては、二〜三人の店舗担当に対して一人のリーダーが就く。リーダーは、店舗担当と日々携帯電話で小まめに連絡をとり、店舗担当からあがってくる日報に返事をしたりする。週一度は店舗担当の現地に赴き、現地会議でその週の店舗担当の課題を徹底したりする。このゾーンリーダーを束ねるのがゾーン・マネジャーである。

こうして、「本部担当」と「店舗担当」のマトリクス組織がひとまず完成した。営業組織を二つに分化させることで、本部と店舗両者をカバーする密度は上がり、そしてビジネスにおける機会ロスは減少する。

†沖縄バックオフィスの構築

マトリクス組織は複雑化した環境に適した組織形態である。カルビーの置かれた環境は、確かに複雑化している。現在のスーパーマーケット経営においては、本部商談が決まると、各店舗で自動的に展開されるわけではない。各個店は、それぞれの店舗地域の需要や競合状況に合わせて、みずからの催事や品揃えを臨機応変に変える。そのため、メーカーは、本部商談によって大枠を取り決めるだけでなく、個店の個別ニーズに応えることが必要になる。カルビーが、マトリクス組織という新しい組織形態を入れた背景には、こうした事情がある。だが、その複雑な組織には、それなりの経営上の工夫が必要になる。

そのために二〇〇六年になって導入したのが、「沖縄バックオフィス」である。それは、いわば社内コールセンターとも言える情報基地として、マトリクスを構成する二つの営業をつなぐ役目を期待されている。

現在、店舗担当は全国で二〇〇人を超え、彼らが全国約一万店をフォローし、ほぼ全スーパーマーケットの店頭がカバーされる。一人あたり一日平均五店舗巡回するとして、平均五〇店舗担当すれば、二週間で一通り巡回できるペースとなる。

それぞれの店舗担当は、一店舗巡回が終わるごとに、そこでの店頭情報のデータを、携帯を使って沖縄オフィスに送る。相手店舗の対応者から始まって商談内容まで、店頭情報のほとんどの項目はフォーマット内に収まる。したがって営業は、そのフォーマットに沿って携帯にインプットしていけばよい。それにプラスして、店頭で拾った生活者や店頭担当者の生の声、あるいは店頭で感じたフォーマットに乗らないような印象については、直接電話で伝える。

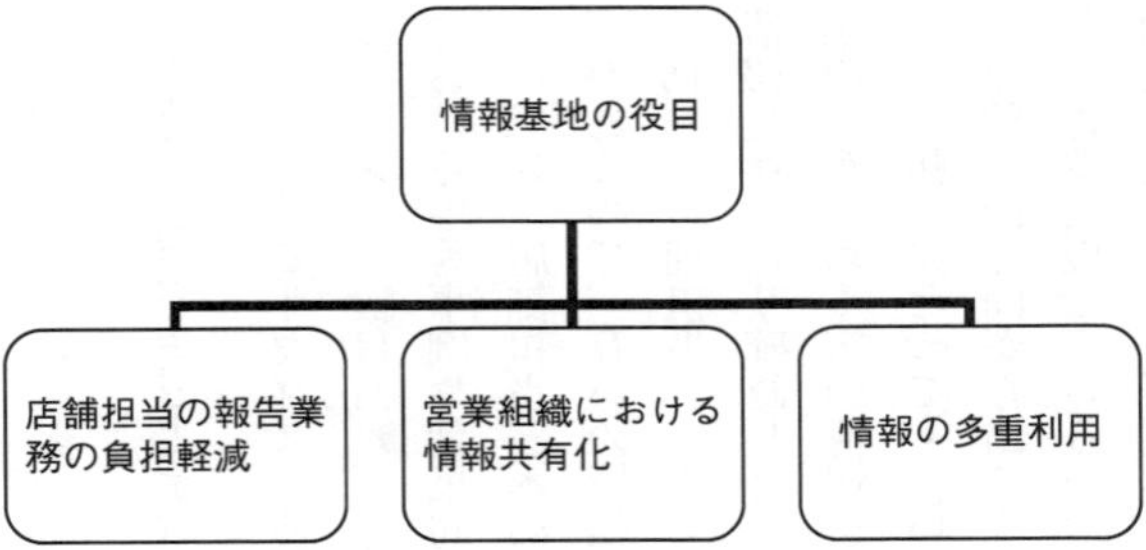

情報基地の役目

それらの情報を、沖縄オフィスが受ける。オペレーターたちは、地域事業部別のセクションに分かれており、店舗担当から受け取ったメール・電話情報をすかさずコンピュータにインプットする。

沖縄オフィスという情報基地を作った意図は、上図に示すように三点に整理できる。店舗担当の報告業務の負担軽減、営業組織における情報共有、そして情報の多重利用である。簡単に見ていこう。

†店舗担当の工数削減

まず、店舗担当の主要な仕事である報告業務を簡単化できる。沖縄オフィスができたことで、①店舗訪問履歴、②アフターフォロー履歴、③店舗基本情報、④改善提案、⑤プロモーション販促物の手配、⑥完了メールといった報告事項が、携帯で簡単に報告できるようになった。従来であれば、店舗担当たちは、五店舗訪問して一日を終えた後、自宅に帰ってそれから報告業務を行っていた。しかし、今では店舗訪問の合間の時間を使って報告業務を終えることができる。

†マトリクス組織における情報共有

さらに沖縄オフィスを使って、営業組織内での情報共有が図られる。第一に、オフィスにヘルプデスクが設けられ、そこから、店舗担当が抱える疑問点に対するアドバイスや、店舗担当における優秀事例や効果的なプロモーション・パックのお知らせも配信できるようにした。

第二に、店舗担当と本部担当の間の情報共有が図られた。両者は互いに連携をとって動く必要があるので、互いの情報を共有し合うことが大切だ。しかし、先にも述べたように、地域で活動する店舗担当と、チェーンの本部との商談を主たる業務とする本部担当とが、直接会って情報交換したり確認し合ったりする機会はそれほど多くない。個別に情報交換するよりも、店舗担当が集める店頭情報を一カ所にまとめ、整理された情報（＝知識）としてストックする方が本部担当にとっても使いやすい。

要望は両方向から出てくる。本部担当は、「自身のチェーン本部との商談が、個々の店舗で、どの程度実現しているか」を調べたいだろうし、店舗担当も「自分たちが店舗で行っている企画案を支援すべく、チェーン本部とこういうテーマで商談して欲しい」といった要望をあげた

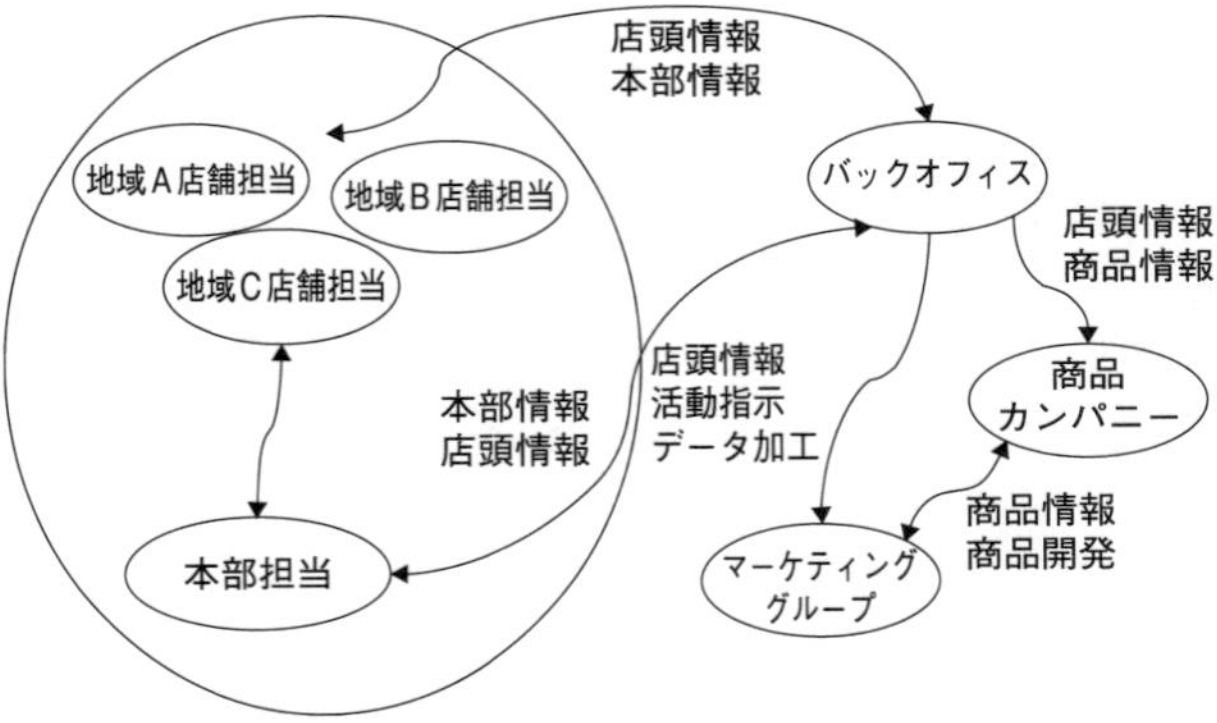

情報基地を通じての情報共有と情報多重利用

いだろう。こうした形で両営業の間の情報共有が進んでいく。

†情報の多重利用

情報基地は、営業内での情報共有にとどまらず、多方面に情報を流すことができる。上図は、それら情報の流れを示している。

店舗担当が集めた店頭情報は、オフィスで整理された知識となってストックされ、多方面で使われる。たとえば、営業所の中で次週の営業計画に使われる。本部担当は自身の担当小売の店を抽出して、本部商談がどの程度店頭まで浸透しているかを見る。それを半年前や一年前の新商品のときと比較する。新商品を導入したブランド・マネジャーは、その新商品が導入以来、店頭で実際にどのように扱われているかを知る。従来との傾向の違いもわかる。商品開発マネジャーは、店舗の売場担当や生活者など、各地から集められた情報を整理して、次の商品改良につなげる。

3 学びたいこと

一人ひとりの顧客に対して、一人ひとりの営業担当がフォローする方式、それはサッカーで言うと、マンツーマンの守りである。一人ひとり、個性ある顧客をフォローする一つのやり方だ。だが、それだけだと問題がある。顧客と営業担当との間で起こるいろいろな出来事があるわけだが、その多くは、時間の闇の中に消えてしまうことである。ごく一部だけが担当者の頭の中や手帳の中に記録され、営業担当の経験値を高めることに貢献する。しかし、その記録も、組織のものとはならず、組織としての経験値を上げることにはつながらない。

納得工房も沖縄バックオフィスも、顧客と顧客担当の間に起こる様々な出来事を、情報として記録して知識に変えて、そして一カ所に集積する試みである。

その効能は、どこにあるのか。第一は、顧客との間の様々な出来事や経験を、組織全体の知識として残し、活用できることである。顧客との緊密な対応を図る企業では、営業を通過する情報も大量になる。それを、その場その場で処理していては、抜けも漏れもいっぱい出てくる。

それを防ぐために、一カ所に出来事や経験の情報を集め、知識化するこうした組織上の工夫が必要になる。

その組織上の工夫は、思う以上に広い効能をもつことになる。組織の他部門も、その情報を重宝する。一カ所に情報を集めることで、情報の多重利用が可能になる。これは、範囲の経済と呼ばれるメカニズムである。

第20章 お客様の問い合わせ情報を使いこなす

生活者の最後の声は、一般の生活者から直接、お客様相談室にかかってくる電話や投稿されてくるメールや手紙を通じてあがってくる声である。この第三の声を、組織的・戦略的に利用すべく、組織内に浸透・定着させようという動きがある。二〇〇〇年頃から、お客様相談室を設けたり強化を図ったりする企業が目立っている。資生堂、サントリー、カルビーといった会社はその代表格の企業である。その嚆矢《こうし》となったのは、花王の「生活者コミュニケーションセンター」である。ここでは、花王のこのセンターの活動を見てみよう。

1　先駆けとなる花王の生活者コミュニケーションセンター

花王の生活者コミュニケーションセンターは、その歴史をたどれば、花王が一九三四年に始めた長瀬家事科学研究所設立に遡るとも言われるが、直接の先駆けとなった組織は一九七八年に設立された生活者相談窓口である「エコーシステム」である。それ以後、同社はシステムに改良を加え、現在は第六次エコーシステムが稼働している。

コミュニケーションセンターの主たる目的は、第一に、生活者と花王の双方向のコミュニケーションを支援することである。電話やメール、手紙などを通じて、年間一四万件以上寄せられる生活者からの問い合わせに応えている。センター職員は、問い合わせを受けると、エコーシステムで商品や関連する情報を検索して速やかに適切な回答を行い、生活者からの申し出内容と、それに対する回答、相談者の情報等をエコーシステムに入力する。

加えて第二に、それらの情報をデータベース化し、社内で共有できるようにするだけでなく、それらを解析した結果を、関連部署が新商品・改良品の開発やパッケージ、広告における表現等の改善に生かすことのできる仕組みを提供することである。従来は、センターが問い合わせ情報を解析して各部署に提供するやり方だけであったが、今ではアプリケーションを使って各部署で自由に分析できるようになっている。結果として、次頁の図のような情報の循環の一環として、生活者コミュニケーションセンターの役割を示すことができる。

問い合わせ情報から商品に緊急、重篤《じゅうとく》な問題があると判断される場合もある。その場合には、生活者コミュニケーションセンターは、直ちに関連部門に警告を発し、対応体制を早急に立ち上げる役目も担っている。

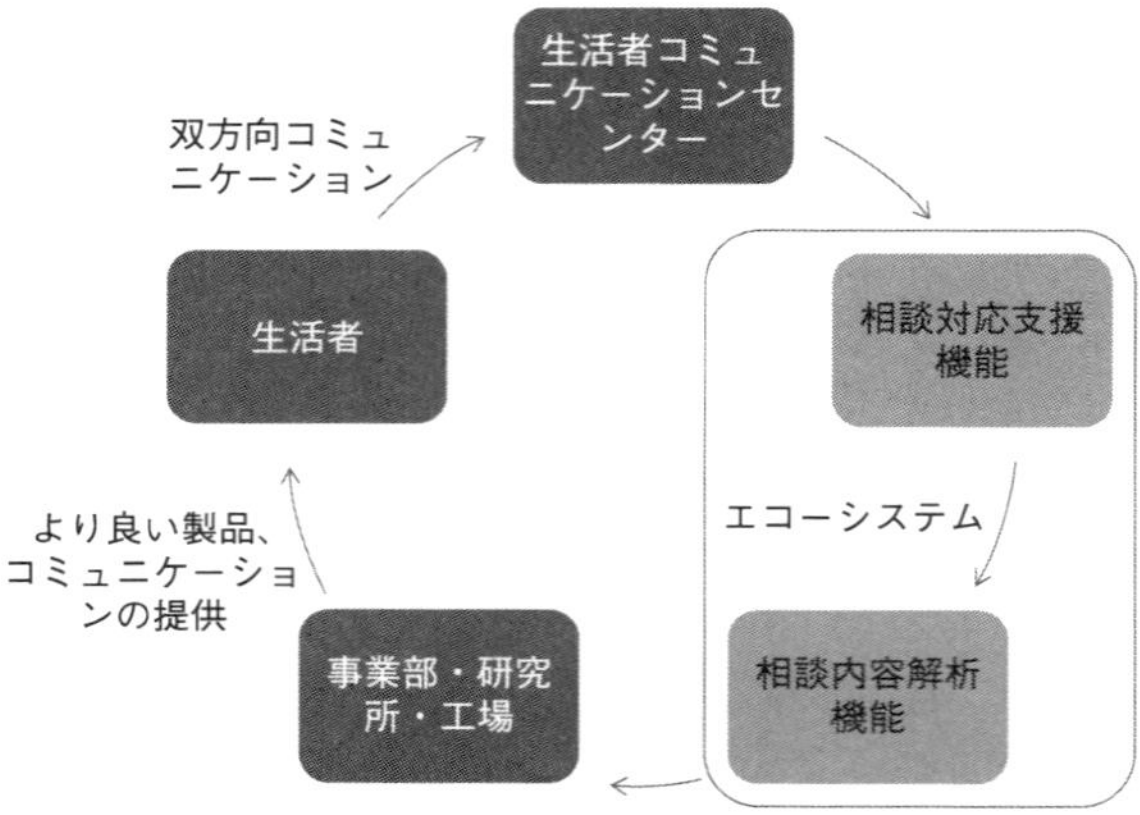

生活者の声を“よきモノづくり”に活かすしくみ

2 生活者コミュニケーションセンターの工夫

以上が、花王の生活者コミュニケーションセンターないしはエコーシステムの枠組みになるが、枠組みができただけで運営がうまくいく、というわけではない。上図に示すような好循環が起こる背後には、なかなか外には見えない、花王の取り組み上の工夫がある。それを紹介しよう。

さて、センターで生活者からの問い合わせに受け答えするスタッフには一つの机が準備される。机の上には、一つのPCキーボードと二台の画面と、そして、応答する自分の表情を見ることができる一つの鏡が準備されている。一つの画面は、お客様からの問い合わせを聞いて入力するためのものである。いわば「問い合わせカルテづくり」のための画面だ。

†センターを支えるデータベース

もう一つの画面には、問い合わせを受けている間、問題の商品が画像付きで示される。キーボードを操れば、その商品の系列品や以前に発売された商品の画像も見ることができる。生活者が、問い合わせする商品は、発売中の商品とは限らない。何年か前に発売されすでに終売した商品も問い合わせ対象となる。その商品のパッケージに小さく書かれている表示も、商品画像を拡大して見ることができる。商品成分も探索すれば、すぐに画面に現れる。

成分だけでなく、その商品の使い方も画面に表示されるため、たとえば、液体のその商品が目に入ったとき、どういう処置が必要か、すぐにわかるようになっている。さらには、あるとき、トイレ掃除の際にある商品を組み合わせると危険なガスが発生するという事件が起こったことがあるが、そうした他商品との関連についても、検索を見ることができるようになっている。

使用間違い、誤飲誤食など、こうした問い合わせは深刻な問い合わせであり、一刻を争う対応が必要だ。そのために、センターは、「緊急受付センター」を設けて、二四時間三六五日対応ができるようにしている。

生活者からの問い合わせといっても、深刻な話ばかりではない。花王のテレビCMを見た人からの「CMに出ているあのタレントは誰?」という質問も当然入ってくる。CMの主人公のタレントならすぐ答えることもできるだろうが、ときには、「その後ろにいるチラッと画面に現れるタレントの名前を知りたい」なんて質問もやってくる。それに答えるために、そのテレビCMをディスプレー画面に流しながら、そのタレントを見つけ、配役表を探して答える。

また、ときには、「今、CMに流れているあの商品、どこで売っているのか?」という質問もやってくる。もちろん、「百貨店で売っているのか、スーパーマーケットで売っているのか」といったような一般的な売場を尋ねているのではない。生活者は、「その商品、私の家の近くのどこの店に買いに行けば手に入るのか」を尋ねているわけだ。スタッフは、この質問にも答える。実際に各店の店頭にその商品が置かれているかどうかのデータを摑めるといいのだが、それはさすがのセンターでも難しい。代わりに、営業が、各店にどれだけの量をいつ出荷したのかのデータをもっているので、それを利用する。それだと、「もしかすると売れてしまっているかもしれないが、昨日出荷したばかりなので、たぶん置いてあるだろう」くらいの確率で、その生活者の周囲のお店の何店かをあげることができる。それで対応している。

例示的にあげてきたが、センターのスタッフが利用できるデータベースには、全商品について、商品画像、パッケージ表示、成分情報、改良履歴などの基本商品情報が入っている。Q&

AやテレビCMやキャンペーンに関する情報も、画像や動画で納められている。商品と関連する生活情報や、身体に関する安全性情報なども納められている。営業において記録された出荷履歴も入っている。

生活者から、たとえば電話で問い合わせが来ても（電話による問い合わせは、全問い合わせの四分の三に上る）、それに対してスタッフがその場で速やかに答えられるというのは、こうしたデータベースがスタッフを支援しているからだ。そして、そこには、技術データ、製造データ、マーケティングデータ、そして営業データまで、花王のありとあらゆるデータが詰まっているのである。

なお、問い合わせに対して、その場での対応で済む場合がある一方で、検査や実験など詳しい検討が必要となる場合も少なくない。センターにも簡単な実験設備があるので、たとえば洗濯時についた衣服のしみなどという問い合わせ事に対して、センターで実験できる場合もある。しかし、工場や研究所で問題の原因について時間をかけて調べなければならない場合は、速やかにそちらに回される。そうした社内の関連部署を回る案件については、回答期限が明記され、タイムスタンプが押される。対応者、対応期日が明確になることで、回答プロセスもきちんと把握されることになる。そして、最終的にセンターの責任でわかりやすい形で生活者に回答される。そして、対応後には、対応の履歴とタイムスタンプが押されて、ひとまず問い合わせ案件への対応が終わる。

†問い合わせ情報を使いこなす

もう一つの重要な工夫は、問い合わせ内容と回答内容を記録するもう一つの画面の中にある。記録された問い合わせ内容と回答内容は、花王の商品づくりや広告づくりに利用される。

生活者からの問い合わせ内容が、そのまま商品づくりに結びつく場合は少なくない。センターが毎年出している『花王　生活者コミュニケーションセンター活動報告書』(二〇〇九)を見ると、「つめかえやすいユニバーサル・デザインの新つめかえ容器」、「『メリーズトイレに流せるするりんキレイおしりふき』のシート取り出し性の向上」、「『クイックルワイパーハンディ』の使い勝手向上のための工夫」、「『ヘルシアウォーターグレープフルーツ味』カテキン苦みについて表示の追加」、「『爽快バブシャワー』爽快感の強さをわかりやすく表示」といった事例が解説されている。いずれも、生活者の声を商品づくりに反映したものである。

そうした直接対応ばかりでなく、蓄積された問い合わせ案件を、将来の商品づくりに向けて利用できる。一九九六年以降、データベースの中に蓄積された問い合わせ案件総数が一八〇万件にも及ぶと言われるが、それらの案件は、商品別、問い合わせ内容別、入力日別といった多様な切り口で、自由自在に検索することができる。

たとえば、新商品を発売するにあたって、生活者に向けて、どのような商品情報を提供すればよいのか、判断したいとしよう。その際には、その新商品の前の商品、あるいは前の前の商品に対する生活者問い合わせの記録を参照することができる。どのような種類の問い合わせが、どれくらいの数と頻度であったのかがわかれば、あらためてどこに留意するとよいのかがわかる。もし、まったくの新商品であれば、類似した商品の過去の記録を調べると、近似的であるが留意点を探ることができる。実際に、花王の製品開発の際の品質チェックシートには、既存品・類似品のクレーム件数も、チェック項目として含まれているのである。センターは、新商品づくりプロセスにおいて、こうした役割を担うべく、なくてはならぬ存在として製品開発会議にも参画している。

こうした過去に寄せられた生活者の声の探索が可能となるためには、問い合わせ時に、問い合わせ内容と回答内容が慎重に記録されていなければならない。第一に、間違った入力は後々まで大きく響き、情報の信頼性も落ちるので、最大の注意が肝心だ。第二に、入力がある程度フォーマット化されている必要がある。入力画面ではよくあるQ&Aが表示されるなど、簡単に入力できる工夫がなされている。それにより、問い合わせを受けているのに、入力に時間がかかり回答も疎《おろそ》かになるという問題がなくなる。さらに、フォーマット化することで、後に案件検索が簡単になる。センターでは、問い合わせを非常に細かく分類・細分化して入力する。

各案件はまず大きく、指摘／問い合わせ／感想、のいずれかが区別され、さらに「指摘」であれば次に、不良／身体トラブル／対象物トラブル／商品機能指摘、などに分類され、さらにその下で細分化を繰り返し、五階層にわたって分類が行われる。その結果、細目では、現在一五〇〇～一八〇〇ほどの項目があるという。

こうした工夫を通じて多面的な探索が可能になることは先に触れたが、加えて重大な問題を予測し警告を発することもできる。ある商品について、同じような問い合わせが短い期間に複数現れた場合には、その商品に何らかの問題が起こっている可能性がある。その可能性を、警告という形で、工場やマーケティング担当者に向けて情報を出し、それにより、俊敏な対応が可能になる。

3　顧客との関係づくりのマネジメント：CRM（Customer Relationship Management）

花王の取り組みは、今のところ内部利用に限られているが、外に向けて戦略的に積極的に使っていこうという試みもありうるだろう。第13章で紹介した「ブランド成長プログラム」の枠組みは、ここでも使える。

たとえば、次のような三つの顧客像と対応機関とが考えられる。

その一番下の層が「一般生活者の層」。その一段上が、企業と積極的に交流してもよいと考える「積極関与層」。その上が製品あるいは企業にロイヤルな「ロイヤル層」である。

その会社では、一般の生活者を、ロイヤルな顧客に変えるべく働きかけを行う。それが、顧客との関係づくりのプログラムである。そのために、お客様相談室が先陣を走り、それをフォローするために、ウェブチームやロイヤルクラブの二つのチームが続いて働きかける。

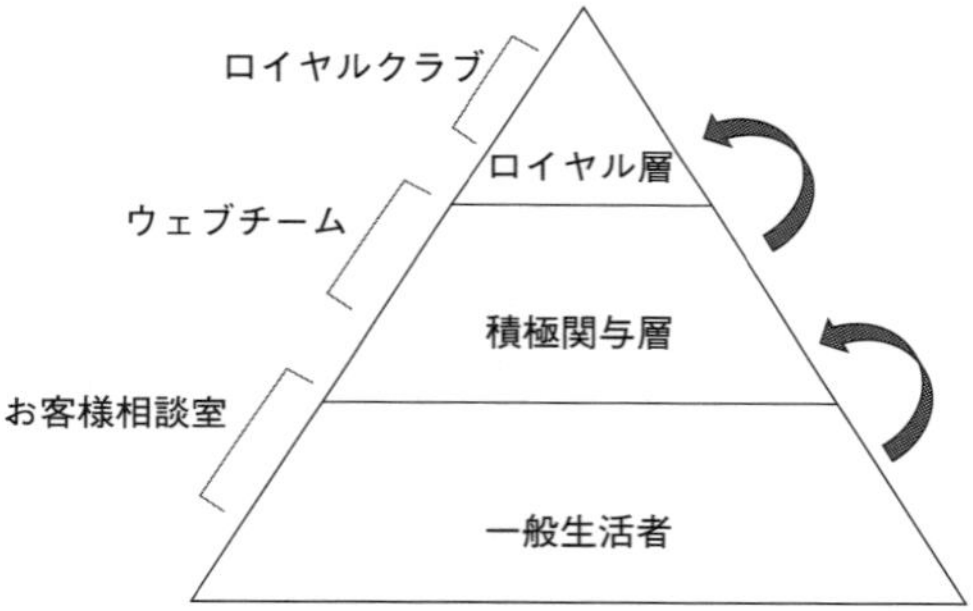

3つの顧客層概念と組織の取り組み

　順に行こう。まず、相談や要望や質問をもった生活者は、お客様相談室に問い合わせる。ネスレなどのように、こうした受け身のやり方だけではなく、もっと積極的にキャンペーンを利用して生活者による会社への問い合わせ数を拡大しようと考える会社もある。その場合は、お客様相談室は、企業と生活者とを結ぶ、「交流の架け橋」と見なされることになる。

　いずれにしろ、生活者から問い合わせを受けたお客様相談室は、その問い合わせに対応しながら、優良顧客に育てることが一つのミッションになる。対応中の生活者が、「積極的にそうした交流の架け橋に関与するかどうか」を探る。

そうした積極関与層に対しては、ウェブでの対応が可能だろう。ウェブを使う生活者も増えているので、今では企業にとって貴重な交流の架け橋づくりのツールとなっている。ウェブで、そうした積極関与的な生活者と対応する。

ネスレでは、そうした交流の場を、"Together Nestlé"という形で運営している。すでに一〇〇万人を大きく超える生活者を組織している。その運営チームは、さまざまな企画を通じて、積極的生活者と交流を図る。そして、「積極関与層」から「製品あるいは企業ロイヤルな顧客」へと育成に努める。そうして育ってきたロイヤルな優良顧客に対しては、また別の担当機関をもつことが可能かもしれない。

こうして、いくつかのチームが協力し合って、いわばバトンタッチしながら、一般生活者を高いロイヤルティをもった優良顧客へと変えていくことが可能だし、ネスレやカルビーなどにおいて、実際に試みられている。高いロイヤルティをもった優良顧客は、企業にとって重要な財産であることは言うまでもない。

4　学びたいこと

†全社の情報力が支える

二八二頁の図に示した好循環が起こるために、花王においていろいろな工夫が必要であることが断片的にではあるが、見えてきたと思う。そして、生活者コミュニケーションセンターを巡るいろいろな工夫は全社の情報力によって支えられていること、そして同時にセンターの諸活動は全社の情報力構築の力となることが、推察できるだろう。

その関係を整理しておこう。

第一に、センターに対して、全社全部門の情報面での協力体制が整えられていることが大きい。研究所、工場、営業、そしてマーケティングの各部門のデータが、センターの活動を支えるデータベースに組み込まれている。ここで気がつくのは、花王の組織自体がもつ優れた情報力である。たとえば、営業部門が提供する各店への出荷履歴データだが、それを提供できる企業は多くない。花王自体の高い情報力が、センターの活動の支えとなっていることがわかる。

第二に、全社の中で、センターのなすべきミッションが明確にされていることがある。たと

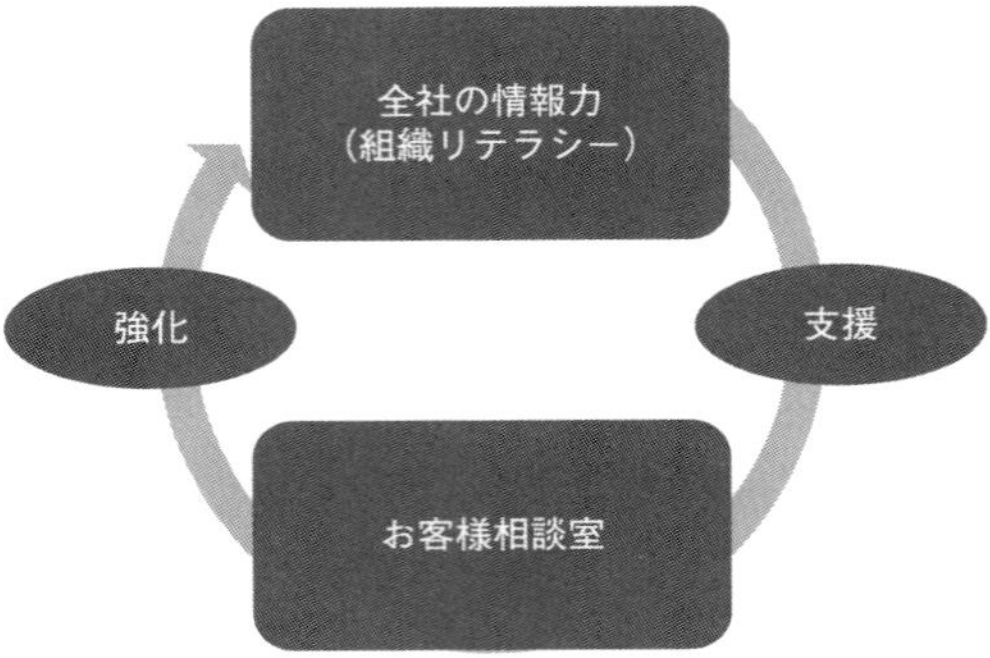

お客様相談室と会社の情報力との関わり

えば、商品企画会議において品質管理問題について情報提供を行うセンターの機能は、良きモノづくりを標榜する花王にはなくてはならない役割である。

第三に、問い合わせ案件について、全社のすべての部門から、商品別、問い合わせ内容別、入力日別といったさまざまな切り口で、かつ各所からの検索が可能となっている。そのため、案件の解析が、センターであるいは各部署で、自由自在に進む。各部署が抱える課題に対して、簡単にカスタマイズした知識づくりが可能になる。そうして、生活者の声や市場での経験情報が、各部門において使いこなされることになる。

センターを取り巻く全社的な情報力の高さが、センターの活動を支えている。同時に、センターの市場情報の収集および普及活動を通じて、全社の情報力がいっそう高められる。上図にその関係が示される。

†CRM：企業が仕掛ける企業ファンづくり

お客様相談室が、市場に向けて戦略的な役割を果たすという可能性も最近では見えてきている。いわば、企業が仕掛ける企業ファンづくりというわけだ。企業ファンが増えれば、一人ひとりの生活者の自社商品購買量が増え販売量が拡大する。囲い込むことで自社のメッセージが届きやすくなる。そうした直接の効果が期待される。

それに加えて、ネスレのように、これだけ多数のファンを組織化すれば、それ以外のいろいろな可能性も見えてくる。それこそ、商品企画における有用な情報を簡単に得ることができる、優良顧客の口コミを通じたマーケティングが可能になる、営業において地域ごとの優良顧客たちのプロフィールを把握することでその地域の店舗に向けた有力な提案ツールの開発が可能になる……。

それらの直接の効果や経営上の効能を期待して、企業ファンづくりに邁進する企業は増えている。その意味では、お客様相談室は、その性格を変えつつ、企業にとって戦略的に重要な役割を果たすようになってきた。

第21章

第Ⅳ部のまとめ：組織の情報リテラシー

第Ⅳ部では、企業が長期にわたって市場に適応するために、市場からの声や、市場でのみずからの経験を、次に活かすための工夫について検討した。

1 市場の声を収集する

生活者からあがってくる声を組織的に収集することが大切だ。そのために、市場調査、営業情報、そして生活者からの直接の要望に対応する、専門の独立した部署を作り工夫している企業のケースを紹介した。

市場情報に関連して専門化した独立の部門をもつと、いくつかの利点が生まれる。第一は、市場情報の扱いが標準化されること、情報の扱いが専門的になること。そしてその結果、長期にわたる情報資源の蓄積や展開についての成長計画を立てることができるようになることがある。

第二に、情報を一カ所に集中させることを通じて、組織全体に共有することが可能になることがある。一カ所に集中せず、担当ごとに対応していたのでは情報は散逸し、そうした効果は生まれない。そこには情報独特の効果が働く。

情報はふつうの「モノ」とは違う。使っても減らないし、誰かが使っていても別の人も同時利用できる。これは情報独特の性格だが、それを生かせば広い範囲にわたって情報の同時利用が可能になる。たとえば、納得工房に蓄積した情報・知識は、製品開発にも営業提案にもマーケティング企画にも多面利用できる。

第三に、市場情報に関連した専門部署ができることで、組織の中にバランス・オブ・パワーの構造が成立すると、組織がどちらかの方向に偏ることがなくなる分だけ、その時・その場・その人によって判断が大きくぶれることがなくなる。国が三権分立の制度をとるのと同じだ。

2　市場の声や体験を組織に普及させ、使いこなす

情報をストックするだけでは、それら情報が十分に使いこなされるかどうかは、保証の限りではない。そのために、それら情報が関連各部門で必要不可欠の情報となることが必要だ。

それを実現するための工夫の第一は、情報を組織の中に普及させ、各人が使いこなすための組織規範を作ることだ。たとえば、P&G社には「調査なくして決定なし」の組織規範があるというが、それがあれば、調査部門発の情報は、あらためて誰が命令を発しなくても使いこなされていく。

第二の工夫として、市場情報の有用性を組織内にマーケティングする工夫がある。組織内部に向けてのマーケティングということで、インターナル・マーケティングと呼ばれる。お客様相談室が、お客様情報の利用説明会を開いたり、パンフレットにして届けたりする工夫は、お客様の声の利用を促す上で重要だ。

第三に、それらの市場情報を、組織の業務プロセスの中に埋め込んでしまう工夫がある。他の業務部門に対するインターナル・マーケティングだけでは、業務部門から、「やってくる情報は使いにくい」とか、「役に立たない」とかといった批判が出てくる。忙しいマーケターなら、使うのがつい億劫《おっくう》になるかもしれない。そうならないためには、情報利用は、一連の業務の中にきちんと埋め込まれていると完全だ。

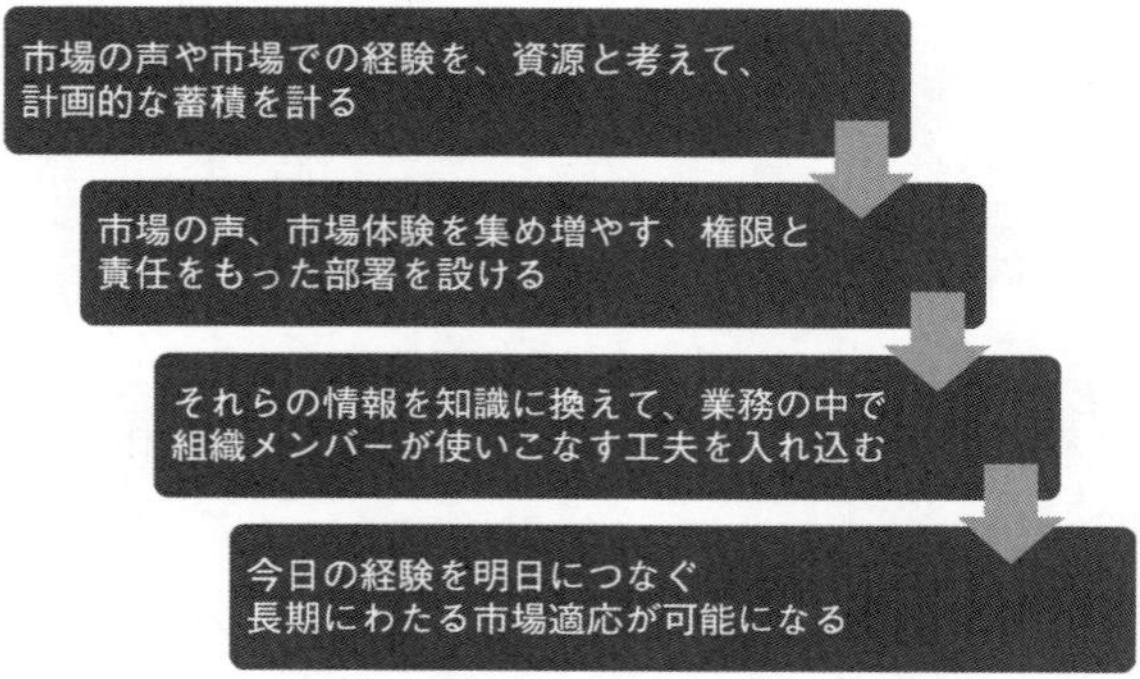

市場の声と経験を資源に換える

3　長期にわたる市場適応を可能にする

市場の声や体験を集め、普及させ、そして使いこなすことができて初めて、「今日の経験を、明日の糧とする」ことが可能になる。昨日より今日、今日より明日と、市場適応の情報力（リテラシー）は拡充する。情報力の拡充は、組織の長期にわたる市場適応を可能にする必須の条件だ。手順として整理すると、上図のようになる。

4　企業は人を越えることができるのか

日本企業では、ことのほか「思えばなる方式」が評価される。「関係者が集まって、侃々諤々《かんかんがくがく》議論しながら一緒にやれば何とかなる」、「当事者とフェイス・トゥー・フェイスで話し合えば、わかってくれる」というやり方や考え方はその典型だ。知恵を結集したり、当事者同士が直接、話し合ったりするのは決して悪いことではない。

ただ、良い作品を作りたいと思う人が集まってやっても、誰もが満足しない凡庸な作品ができてしまうこともある。最高の選手たちで構成された野球やバスケットのオールスターチームが、最高に強いチームというわけではないのと似ている。社会は思った通りに運ばないものなのだ。

加えて、そのやり方を多用しすぎると、組織の体をなさなくなる危険がある。組織の壁を越えて人と人とが結びつくことは大事なことだが、壁を越えた人と人との結びつきが過ぎると組織の壁の意味がなくなる。「組織の壁がない組織」とは、一見風通しの良い優れた組織に見えるかもしれないが、決してそうではない。壁のない組織は、権限と責任が不明確な組織であり、誰もが責任をとらない（あるいはとることができない）組織でもある。そのとき組織は、たんに人の寄り集まりでしかなくなる。

組織は、人によって構成される。人がいない組織は、組織とは言わない。しかし、人が前面に出た組織は、その人を越えることはできない。「企業（あるいは経営者）は業界を越えることができるのか」というのは本書の最初に述べた言葉だが、同じ言い方で言うと、「企業は人を越えることができるのか」を問わないといけない。

優秀な経営者がいる組織は伸びる。問題は、しかし、その後だ。その人がいなくなれば、組織は崩壊したり、長い停滞に見舞われたりする場合が少なくない。組織が長きにわたり、ゴーイング・コンサーンとして継続していくには、組織のリーダーが替わっても、組織はその目指す方向に進んでいくことが求められる。その力を与えるのは、マネジメントである。そして、マネジメントには、「市場の情報を、集め、増やし、使いこなす力」、つまり組織の情報リテラシーが不可分なのである。

終章　コマーシャル・イノベーションに向かって

†市場関係のデザイン

本書では、企業の生活者・顧客との接点を、どうデザインするかに焦点を絞り検討してきた。それには、四つの局面があった。四つの局面は、二つの企業経営の関心の軸によって位置づけされる。

第一は、［市場―組織］の軸。この軸は、経営の関心が、組織の外つまり市場（生活者や顧客）に向いているのか、それとも自社組織の内に向いているのかの軸である。もう一つは［計画―マネジメント］の軸。ここで、計画とは活動の基本設計図、マネジメントとは目的達成のための技法と定義している。この二つの軸によって、市場関係のデザインの基本枠組みは、四つのセルに分けることができる（次頁の図参照）。

右上から順に、［I］市場の計画（「市場にいる誰のために、何をしたいのか」に焦点を当てた戦略づくり）。［II］組織の計画（戦略に合わせた組織体制づくり）。［III］市場のマネジメント

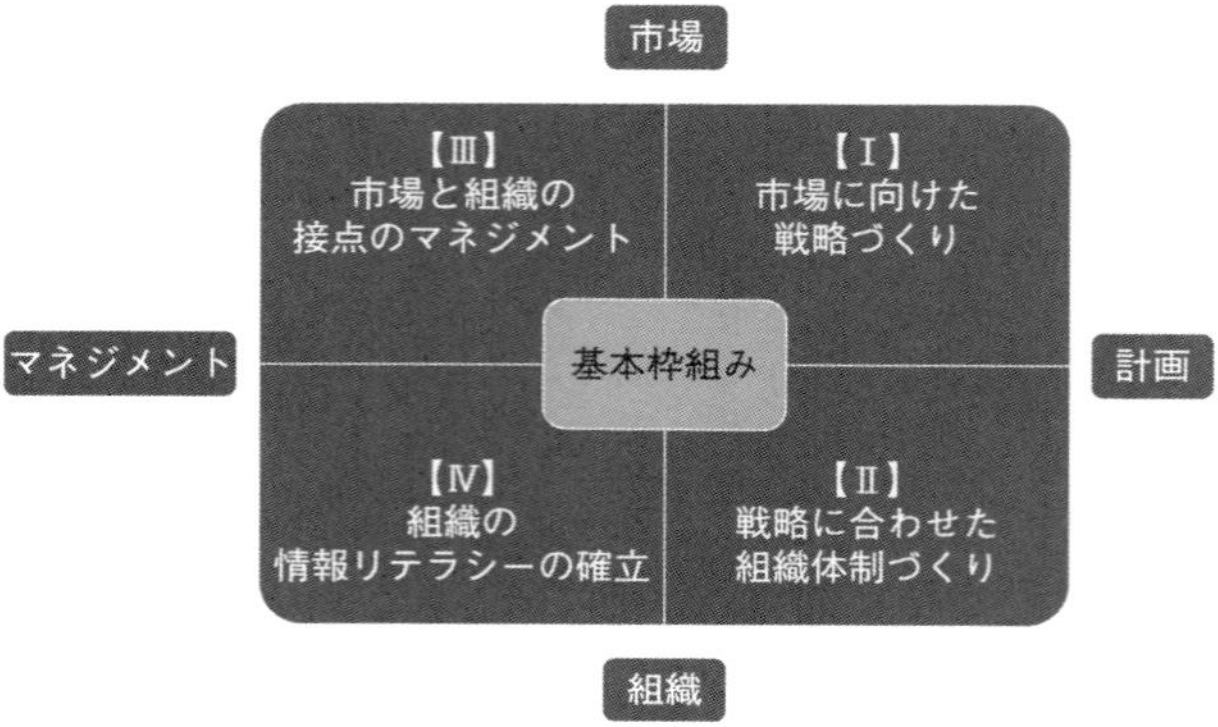

市場関係のデザイン

（市場と組織との接点のマネジメント）。［Ⅳ］組織のマネジメント（市場情報を使いこなす組織の情報リテラシーの確立）となる。

本書では、それぞれの局面を一つの部として、計一七のテーマを論じた。簡単に復習しておこう。

市場に向けた戦略づくりは、第Ⅰ部のテーマであった。「市場の誰のために、何をしたいのか」をメインに、各社の試みを見た。その中から、ターゲット（顧客層）、顧客価値（機能）、事業定義、ポジショニングの重要性が明らかになった。

戦略を立てるだけでは机上の空論。その戦略を十全に機能させる組織づくりが必要だ。第Ⅱ部の戦略に合わせた組織体制づくりでは、この問題を考えた。

（1）企業は、市場に向けた活動を通じて市場資産（エクイティ）を形成していること、（2）企業には、市場適応のために適応すべき階層（コーポレート、製品市場分野、あるいは商品ブランド）があること、そして（3）成長を図る上で、少なくとも二つの選択肢（ポジショニング中心か、ブランド拡張か）があり、企業は自身の置かれた状況を見ながら、その選択肢を選ぶという課題を抱えていることが示された。

第III部では、企業と市場の接点のマネジメントをテーマにした。企業組織の外には、自分の意のままにならない市場がある。企業には、市場を（組織内のように）統制・管理する権限はもちろんのこと、ない。だが、マーケティング・マネジメントは、その不可能を可能にするための方法にほかならない。そのために、市場（生活者・顧客）との接点をプロセス化したマネジメントが肝要だ。プロセス・マネジメントの媒体には、人（営業）とブランドの二つがあるが、いずれの場合も、目的は、「予期して備える」ことができるような関係の仕組みづくりにある。ブランド成長マネジメント、ブランド・ポートフォリオ・マネジメント、プロセス営業のコンセプトといった工夫をケースでは取り上げた。

最後の第IV部は、組織の情報リテラシーの確立を扱った。市場では、情報は絶えることなく生成する。業界の競争者は次々に手を打ち、業界の外にある企業もまた、虎視眈々《こしたんたん》、市場への参入を狙う。新しい技術が生まれ、市場の生活者の好みも流行と共に変わる。次から次へと変化が起こり、それが情報となって押し寄せる。

それらの情報は、しかし、瞬く間に流れ去る。成り行き任せにして情報を流れ去るままにしていると、たまたま気がついたときに手を打つといったような「場当たり的な対応」になってしまう。それでは、組織は環境の変化に右に左に揺さぶられるばかりで、長期にわたる成長どころか組織の存続さえも覚束《おぼつか》ない。そこに、「情報を集め、増やし、そして使いこなす」組織的な工夫が望まれるに至る。それにより、「今日の経験を明日に伝える」だけでなく、それら情報を日常業務に使いこなす力、組織の情報リテラシーが充実する。

†マーケティング・マネジメントの道具箱

企業には、市場に向けた諸活動のマネジメントが必要だ。それは、マーケティング・マネジメントの課題である。その課題は、以上述べたように、四つの局面に分解して理解できる。各局面の課題をわかりやすく単純化して示せば、次頁の図のようになる。

この図に示したマーケティング・マネジメントの枠組みは、マーケティング・マネジメントにおいていろいろある諸課題を整理するための道具箱である。すべての課題を一つの箱に投げ込んでしまうのではなく、解決すべき課題を四つのセルに分けて整理するとわかりやすいだろう。日々の現実の経験から見つけ出された組織の課題に対して、すぐに対症療法で解決を図るのではなく、一度は図の四つの枠に位置づけて考えると良いと思う。

そして、解決に向けた原則を腹に収めた上で、自分たちの進むべき方向を、自分たち自身で

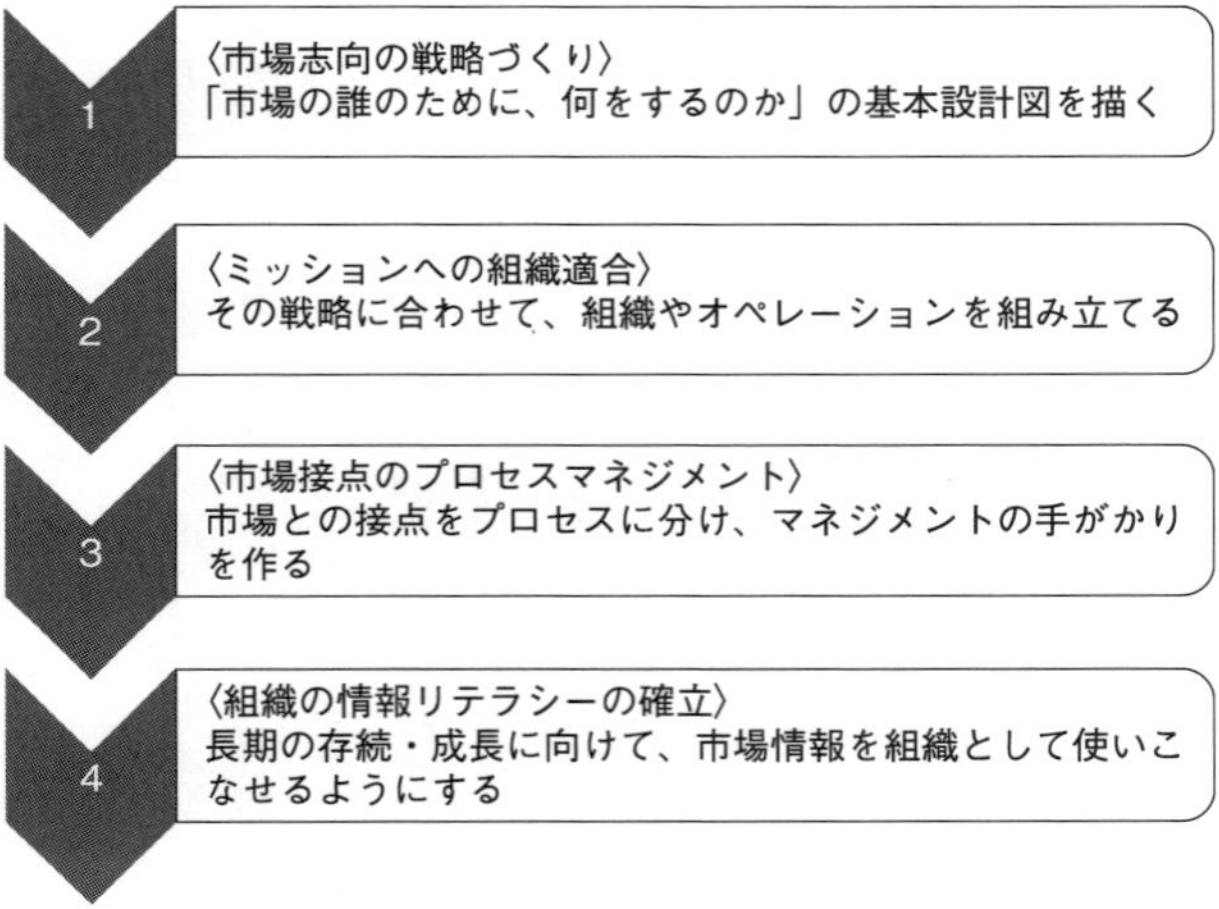
1
〈市場志向の戦略づくり〉
「市場の誰のために、何をするのか」の基本設計図を描く
2
〈ミッションへの組織適合〉
その戦略に合わせて、組織やオペレーションを組み立てる
3
〈市場接点のプロセスマネジメント〉
市場との接点をプロセスに分け、マネジメントの手がかりを作る
4
〈組織の情報リテラシーの確立〉
長期の存続・成長に向けて、市場情報を組織として使いこなせるようにする

マーケティング・マネジメントの道具箱

考えることが必要だ。何となれば、課題は四つのセルに便宜的に分けられるものの、その課題に向けて一つひとつの打つ手は、おそらくすべてのセルに関わってくるからだ。たとえば、戦略策定の新しい試みは、長期適応のためのリテラシーの育成とは矛盾することだってありうる。原則固執の紋切り型で問題に処理すると、そのような問題が起こって、試みは頓挫する。そうならないために、現場での日々の打つ手の意味から組織の大枠の舵取りの意味までを結びつけて、全体として理解することが必要である。それができるのはその組織メンバー以外にはない。

†コマーシャル・イノベーション

序章で述べたように、日本市場において投資が一巡して、さらなる成長に限界が見え始めたのが、一九七五年前後。それ以降、日本経済の成長率は低下を続け、一九九〇年代後半からは、長期国債の利回りは二%を切ったままの状態が続いている。過剰品質、過剰供給、過剰設備の経済の中でさらなる物的成長は望めず、企業間の争いは「誰かが得をすると、誰かが損をする」ゼロサムゲームの様相を呈している。ゼロ成長と低収益性が常態化する中において、個々の企業がさらに高い収益性を確保し、成長し続ける余地は限られている。

技術によるイノベーションや、あるいは製品の新機能/効能/性能のいっそうの改良という方策は、これまでそうした桎梏《しっこく》を克服する良き手段であったが、今の時代、それでは企業成長も業界成長も、ましてや経済成長も、期待できそうもない。そのことは最初の章で述べた通りである。

そこでカギを握るのは、イノベーションだ。しかし、同じイノベーションといっても、大事なのは技術や製造のそれではなく、市場接点におけるイノベーション、つまり「コマーシャル・イノベーション」である。言い換えると、商品やブランドと生活との関わりの中で生まれる生活者の新しい経験の中に、ビジネスチャンスの芽を見つけることが大切だ。

ソニーが戦後、先進的企業としてその名を馳せたのは、トランジスタ技術の開発など技術上の先進性によるものだった。だが、一九八〇年代以降、ソニーの先進性のイメージの源泉はそこにはない。ウォークマンを筆頭に、新しい生活スタイルの提案の中にこそ、その先進性のイメージの源泉があった。「技術から生活価値への転換」の一つのお手本であると思う。今なら、お手本はアップルになるのかもしれないが……。

ブランドや商品と生活の狭間において、価値が創り出される。新しい市場細分の軸を探し出し、そこにおける先発者優位を確保する施策は、それにあたる。あるいは、既存のブランドや商品と生活者の生活との新しいつながりを模索し、ブランドや商品の「新しい意味」をたずね、新しい生活の価値を創造する試みも必要だ。そのために、生活者の日々の経験を精査したり（オブザベーション Observation）、生活者がもつ生活上のインサイトに着目したりすることが必要になるだろう。そうした試みを通じて、いわばゼロサムゲームの桎梏から抜け出すことが期待される。

ゼロサムゲームの克服を期待される新しい道とは、いわば製品のハードパワーを表す〈機能／効能／性能〉の時代から、製品のソフトパワーを表す〈経験／意味／価値〉の時代への転換の反映でもある。それに伴い、〈消費〉という限定された生の局面から、消費を含んだより広い生の局面、つまり〈生活〉に企業経営の焦点が移ることを意味している。本書において、消費者という言葉を避けて、生活者という言葉を用いた理由はそのあたりにある。

あとがき

長年マーケティングの研究をしてきて、いつもそこに戻ってしまう言葉があります。「創造的適応（Creative Adaptation）」という言葉です。その言葉は、大学のときに読んだマーケティングの教科書で知りましたから、古い話です。

言葉は矛盾した意味を含んでいます。創造は状況を創り出す活動ですが、適応は状況に合わせてみずからを変身させる活動です。一方に向かえば、同時に他方には向かえません。しかし、マーケティングの本質を、その言葉はピタリと言い当てています。マーケティングのもっとも基礎にある論理とは、「みずからの状況を創り出しつつ、その状況に適応する」ことなのです。こう言うと、いかにも哲学的でいかめしく聞こえるかもしれませんが、日常的に私たちが経験していることです。たとえば、親しい相手との交流を考えてみましょう。

お母さんが風邪を引いて、あなたは「風邪薬を買ってきて」と頼まれる。そのとき、あなたはどうしますか。頼まれた通り風邪薬を買ってきて「はい、これ」と薬をわたして終わりますか。そうではないでしょう。「お母さん、お医者さんに診せた方がよくない？」と言葉をかけ、

「風邪薬もそうだけれど、咳もひどいから咳止めのシロップも買ってこようか？」と、お母さんの病状を確かめながら、してあげられることを探るのではないでしょうか。親しい人が相手なら、きっとそうするでしょう。お母さんも本当は、薬よりも、あなたとの気持ちの交流が欲しかったのかもしれません。

これが、創造的適応です。ロボットがそうであるように「相手の言うことを言われた通りにやる」というのは、〈創造的でない適応〉です。「相手の心を思慮することなく、何かをする」というのは、創造的であったとしても適応的ではありません。相手が言葉に出せなかった要望を探り、それに応える。相手の心に配慮し、相手の本音に何とか迫ろうと思いながら対応する。つまり、相手の要望を、あらためて自分の中で再構成し、それに対応しようとする。これが創造的適応です。

創造的適応は、何も親しい人相手との交流に限られるわけではありません。個人があるいは組織が、めまぐるしく変転する状況に対応する上においても、あるいはまた、はやり廃《すた》りの早い理論や技術を自分（あるいは組織）の中に取り込む上においても、何よりこの創造的適応の姿勢を欠かすことはできません。相手・対象の本質を自分の中でつかみ直し、而してそれに応える。その姿勢を保つことで、しっかりと地に足をつけたブレのない対応が可能となり、みずからを見失うこともなくなります。

本書は、〈創造的適応〉というそうしたマーケティングの基本論理を念頭に置きながら、市場や組織に向けて企業が考える戦略やマネジメントを、具体的なケースを通してわかりやすく読み解こうとするものです。二一世紀に入り、ますます複雑さを増し、流れが速くなる環境にある企業にとって、創造的適応の姿勢はますます重要になっていると思います。

本書の構成については、どこから読んでも全体像にたどり着けるよう、章ごとの読み切りにし、章を部にまとめて整理しています。全体構成についても、余計な議論は省いて、最後の章で簡単に論じるようにしました。マーケティングの本を初めて手にとる方にも、またマーケティングのプロの方にも、「読みやすい」「わかりやすい」と言って頂けることを祈るばかりです。

ビジネス世界の苦労話や成功話を聞くのが好きなせいもあって、本書の各章のケースの多くは、それらの方々の直接のお話に基づくものです。本書を書き下ろす途中で、知りたい話が出てきて、原稿締め切り間際にもかかわらず、急遽お話を聞きに行ったりもしました。そうしてお話を聞かせて頂いた方、お一人お一人のお名前をここであげることはできませんが、この場を借りて厚くお礼を申します。

最後に、ケースを書く上でいろいろ協力して頂いた吉田満梨さん、そして完成原稿に目を通して頂いた水越康介さん、本書のお声かけを頂き、また編集の労をとって頂いた筑摩書房の北村善洋さんに、そしてこの間何かと協力してくれた家族にもあらためて、感謝の意を表したいと思います。

二〇〇九年晩秋

石井淳蔵

【ま行】

【た行】

【な行】

【は行】

【さ行】

【企業名・商品名索引】

ゴシックは商品名

ちくま新書
822

マーケティングを学《まな》ぶ

二〇一〇年一月一〇日　第一刷発行
二〇一八年八月三〇日　第一三刷発行

著　者　石井淳蔵（いしい・じゅんぞう）

発行者　喜入冬子
発行所　株式会社　筑摩書房
東京都台東区蔵前二-五-三　郵便番号一一一-八七五五
電話番号〇三-五六八七-二六〇一（代表）
装幀者　間村俊一
印刷・製本　三松堂印刷　株式会社

ISBN978-4-480-06530-8　C0234

ちくま新書

002
経済学を学ぶ
岩田規久男
交換と市場、需要と供給などミクロ経済学の基本問題から財政金融政策などマクロ経済学の基礎までを、現実の経済問題に即した豊富な事例で説く明快な入門書。

225
知識経営のすすめ
——ナレッジマネジメントとその時代
野中郁次郎
紺野登
日本企業が競争力をつけたのは年功制や終身雇用の賜物のみならず、組織的知識創造を行ってきたからである。知識創造能力を再検討し、日本的経営の未来を探る。

336
高校生のための経済学入門
小塩隆士
日本の高校では経済学をきちんと教えていないようだ。本書では、実践の場面で生かせる経済学の考え方をわかりやすく解説する。お父さんにもピッタリの再入門書。

396
組織戦略の考え方
——企業経営の健全性のために
沼上幹
組織を腐らせてしまわぬため、主体的に思考し実践しよう！　組織設計の基本から腐敗への対処法まで「これウチの会社！」と誰もが嘆くケース満載の組織戦略入門。

619
経営戦略を問いなおす
三品和広
戦略と戦術を混同する企業が少なくない。見せかけの「戦略」は企業を危うくする。現実のデータと事例を数多く紹介し、腹の底からわかる「実践的戦略」を伝授する。

807
使える！　経済学の考え方
——みんなをより幸せにするための論理
小島寛之
人は不確実性下においていかなる論理と嗜好をもって意思決定するのか。人間の行動様式を確率理論を用いて抽出し、社会的な平等・自由の根拠をロジカルに解く。

1032
マーケットデザイン
——最先端の実用的な経済学
坂井豊貴
腎臓移植、就活でのマッチング、婚活パーティー!?　お金で解決できないこれらの問題を解消する画期的な思考を解説する。経済学が苦手な人でも読む価値あり！